小学校教育実習 Q&A 99

知りたい！ 聞きたい！
こんなときどうする？

石橋裕子・林幸範・梅澤実・生野金三・生野桂子 著

萌文書林
houbunshorin

はじめに

　現在、教職実践演習の導入など教員養成課程は大きく変化し、教育実習がますます重要となっています。というのも、教育実習は、教育の場で「先生」として勉強すると同時に、大学での学びを再確認する場でもあります。実習は、教職を目指す学生として貴重な体験であることはいうまでもありません。

　ところで、学生のみなさんは、生徒としての経験は豊富ですが、先生としての経験はほとんどありません。さらに、教育実習への考え方が大きく変わり、大学等の養成校での教育実習の指導が強化されています。そのため、教育実習に強い不安を抱いています。また、多々疑問をもっていても、「こんなことを聞くと恥ずかしい」などから聞くことができない学生が多いと聞きます。

　そこで、教育実習へ行くみなさんの役に立てばと、教育実習を体験した学生や教育実習担当の先生などから疑問・質問を集め、99の質問に回答する方式の本を作成しました。また、コラムは、教育実習や先生になるために必要なことなどを記しました。なお、この本は、教育実習の「Q&A」ですから、大学の「教育実習のテキスト」や『小学校教育実習ガイド』(萌文書林)などをかならず参照し、実習の準備を進めましょう。

　ところで、なぜ「解答」ではなく「回答」なのでしょうか。それは、この本の回答はあくまでも参考であり、地域や実習校によって異なる場合があるからです。ですから、わからないことは大学等の養成校の先生や実習校の指導担当教師に必ず聞くという姿勢をもってください。

　最後に、この本の作成にあたり、萌文書林の編集部の田中直子・関山浩司・赤荻泰輔さんには本当にお世話になりました。ここに記し感謝いたします。

　2011年9月

石橋　裕子・林　幸範

追記：私事になりますが、3月11日の東日本大震災で次男も被災をしましたが、幸い無事でした。そのため、他の執筆者に多大な迷惑をおかけいたしましたが、温かい励ましをいただき原稿を収めることができました。ここに、書面を借りて心からのお礼を申し上げるとともに、被災された方々へ心からのお見舞いを申し上げます。(林　幸範)

もくじ

はじめに 1

Part 1

実習前のQ&A 7

question! 1	実習前に準備しておくことは？................................. 9
question! 2	実習校の探し方や決定までは、 どのように進めていったらいいの？...................... 10
question! 3	実習校に電話をするときの留意点は？................................. 11
question! 4	履歴書を書くときに気を付ける点は？................................. 12
question! 5	実習前にボランティアをしたほうがよい？......................... 13
question! 6	実習に臨む際の心構えは？.. 14
question! 7	実習と大学の講義が重なったらどうする？..................... 16
question! 8	実習校への実習依頼の際に手みやげなどの品物は必要？.... 17
question! 9	実習前のオリエンテーションでは何を聞けばよい？.......... 18
question! 10	実習校の教育目標や児童の実態は事前に確認できる？........ 20
question! 11	自分の希望の伝え方を教えて 21
question! 12	教員以外の職種の職員を教えて 22
question! 13	実習に必要な物品は？.. 24
question! 14	小学校での1日の流れを教えて 25
question! 15	通勤・実習時の服装や髪型は？... 26
question! 16	何時までに出勤すればよいの？... 28
question! 17	他の実習生とはどのように接すればよい？..................... 30

Part 2

実習中のQ&A ……………………………………………… 31
[児童とのかかわりの中で] ……………………………………… 32

- question! 18　児童への自己紹介の仕方のポイントは？ ………………… 33
- question! 19　児童と初めて会ったときにはどうすれば？ …………… 34
- question! 20　児童の呼び方や児童への言葉づかいは
　　　　　　　どのようにしたらよい？ ……………… 35
- question! 21　各学年に応じたかかわり方の違いは？ ……………… 36
- question! 22　児童と遊ぶときの注意点は？ ………………………… 38
- question! 23　児童をほめるときの言葉や方法は？ ………………… 40
- question! 24　児童を叱ってもいいの？ ……………………………… 41
- question! 25　児童から「担任の先生に言わないで」と
　　　　　　　相談されても担任教師に報告すべき？ ………… 42
- question! 26　児童の気持ちをつかむコツは？ ……………………… 43
- question! 27　児童から相手にされないとき、どう対応したら？ …… 44
- question! 28　児童からのプレゼントは受け取ってよい？ ………… 45
- question! 29　児童が担任教師を揶揄するような言動への対応は？ …… 46
- question! 30　ケンカの仲裁方法は？ ………………………………… 47
- question! 31　児童と携帯電話の番号や
　　　　　　　メールアドレスを交換してもよいの？ ………… 48
- question! 32　「彼氏（彼女）はいるの？」と
　　　　　　　聞かれたときはどう答えたらいい？ ………… 49
- question! 33　飲食店の児童に「うちのお店に来て」と
　　　　　　　言われたときの対応の仕方は？ ………… 50
- question! 34　担当の学級以外の児童との接し方を教えて ………… 51
- question! 35　配慮の必要な児童や障がいのある児童と
　　　　　　　接するときの注意点は？ ………… 52
- question! 36　発達障がいの児童がパニックを起こしたときの対応は？ …… 53
- question! 37　いじめや虐待の疑いを発見したときは？ …………… 54

| question! 38 | 差別的な言動やセクシュアルハラスメントになる言動を教えて 56
| question! 39 | 特定の児童ばかりがかかわってきてしまう場合の対応は? 57

［教職員や保護者等とのかかわりの中で］ 58

| question! 40 | 初日は先生方にどんなあいさつをするの？ 59
| question! 41 | 指導担当教師以外の教職員の先生方とはどうかかわればよいの？ 60
| question! 42 | 保護者に児童のことを聞かれたら？ 62
| question! 43 | 教職員や保護者に飲み会に誘われたら？ 64
| question! 44 | 保護者の前で話すことになったら？ 65
| question! 45 | 担任教師と意見が合わなかったら？ 66
| question! 46 | 教師によってアドバイスが違ったら？ 68
| question! 47 | 保護者と話が合わなかったら？ 69
| question! 48 | 職員室ではどう過ごすの？ 70

［毎日の授業の中で］ 72

| question! 49 | 参観授業ではどこに気を付けて見ればよい？ 73
| question! 50 | 授業を行う上できめておくルールはある？ 74
| question! 51 | 授業での話し方や言葉づかいのポイントは？ 75
| question! 52 | 集中して授業を聞いてくれるポイントは？ 76
| question! 53 | うるさくて授業に入れない、どうしたら？ 77
| question! 54 | 指名する児童はどうやってきめるとよい？ 78
| question! 55 | 予想外の応答や誰も手を上げないとき、どうしたら？ 80
| question! 56 | 板書計画はどう立てたらよい？ 82
| question! 57 | 板書のタイミングを教えて 84
| question! 58 | 板書の間違いを児童に指摘されたら？ 86
| question! 59 | 「わからない」「つまらない」と言われたら？ 87
| question! 60 | 授業に集中していない児童への注意の仕方は？ 88
| question! 61 | 忘れ物をしてきた児童への対応は？ 89

question! 62	LD（学習障がい）の児童への対応は？ 90
question! 63	机間指導では何を指導したら？ 91
question! 64	グループ学習の際の注意点は？ 92
question! 65	ワークシートの作成や活用の仕方は？ 93
question! 66	個別の作業で早い児童、遅い児童など 　　　　　　　　　差が生じてしまった場合は？ 94
question! 67	時間内に授業が終わらない！　どうしたら？ 95
question! 68	学習指導案通りに授業が進まないときは？ 96
question! 69	授業にＩＣＴはどのように取り入れたら？ 97
question! 70	児童の回答は一つにまとめるべき？ 98
question! 71	国語の授業で教材の"読み"は教師から？ 児童から？ 99
question! 72	国語の授業の発問はどのように行えばよい？ 100
question! 73	簡単な授業内容で 45 分をどうやってもたせる？ 101
question! 74	理科の実験で事故が起こらないようにするためには？ 102
question! 75	体育の授業を行う際の教師の立ち位置は？ 104
question! 76	プール授業での留意点は？ 105

［授業以外で］..106

question! 77	給食の指導は何をしたらいいの？ 107
question! 78	清掃活動のときのかかわり方は？ 108
question! 79	児童が学校のきまりをやぶったときの対応は？ 110
question! 80	学級会で意見が対立！　どうしたら？ 111
question! 81	行事や校外学習では何をするの？ 112
question! 82	児童の登下校後は何をするの？ 114
question! 83	ケガや事故が起きたら？ 115
question! 84	実習校に知っている子や弟や妹がいたら？ 116
question! 85	放課後って何するの？ 117
question! 86	携帯電話の番号を聞かれたら？ 118
question! 87	持ち物にいたずらをされてしまったら？ 119

[授業後の反省・振り返りや研究授業で] 120

- **question! 88** 実習日誌には何を書くの? 121
- **question! 89** 日誌を書くためにメモはあったほうがよい? 122
- **question! 90** 指導担当教師にはいつ指導を受けるの? 123
- **question! 91** 指導担当教師から実習の反省を求められたら? 124
- **question! 92** 研究授業の留意点は何? 126

Part 3

実習後のQ&A 127

- **question! 93** 最後のあいさつは、いつどうするの? 129
- **question! 94** 児童に「今度はいつくるの?」と聞かれたら? 130
- **question! 95** お礼状はいつ書くの? 131
- **question! 96** 実習後の行事には参加したほうがよい? 132
- **question! 97** 実習後にしておいたほうがよいことはある? 133
- **question! 98** 実習を生かす反省はどうまとめるの? 134
- **question! 99** 教員採用試験に受かったら? 136

巻末資料 ① オリエンテーション持参品チェックリスト 138
巻末資料 ② 間違いやすい筆順 140
巻末資料 ③ 確認しておきたい正しい鉛筆・箸の持ち方 144

著者紹介 145

関連Q&A　Q.○(p.○)　本書内で関連する「Q&A」を示しています。

Part 1

実習前のQ&A

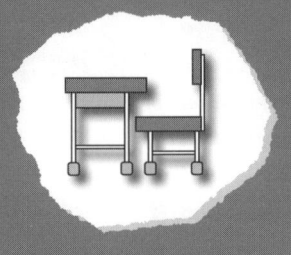

　実習が始まる前に知っておきたいのに、教科書には載っていない、誰に聞けばよいかわからないなど、なかなか聞けない質問に答えています。
　Part 1 を読んでもわからないことは、そのままにしておかず、実習担当教師や巡回指導担当教員、実習指導室などで確認しましょう。

実習前の Q&A

- question 1　実習前に準備しておくことは？
- question 2　実習校の探し方や決定までは、どのように進めていったらいいの？
- question 3　実習校に電話をするときの留意点は？
- question 4　履歴書を書くときに気を付ける点は？
- question 5　実習前にボランティアをしたほうがよい？
- question 6　実習に臨む際の心構えは？
- question 7　実習と大学の講義が重なったらどうする？
- question 8　実習校への実習依頼の際に手みやげなどの品物は必要？
- question 9　実習前のオリエンテーションでは何を聞けばよい？
- question 10　実習校の教育目標や児童の実態は事前に確認できる？
- question 11　自分の希望の伝え方を教えて
- question 12　教員以外の職種の職員を教えて
- question 13　実習に必要な物品は？
- question 14　小学校での1日の流れを教えて
- question 15　通勤・実習時の服装や髪型は？
- question 16　何時までに出勤すればよいの？
- question 17　他の実習生とはどのように接すればよい？

question! 1 実習前に準備しておくことは？

初めての小学校での実習です。学校でのオリエンテーションで一通りの説明は受けているのですが、事前にどのようなことを準備しておくとよいか教えてください。

answer

実習は大学で学んだことを教育の現場で実践するOJT（on the job training）です。オリエンテーションの説明で何がわかり、何が理解不足なのかを把握して準備を進めましょう。

あなたは自分の「長所」や「短所」が言えますか。「教師になるためには何が必要なのか」が確認できていますか。何ができて何が不足しているのかを見極めて実習の課題や目標を立てることから準備を始めましょう。

教育実習指導の講義をはじめ、各教科の「教育法（指導法）」で学ぶ学習指導案や実習日誌などは、すぐに書けるようにはなりません。折を見て練習しましょう。また、講義内で模擬授業が十分に実践されていない場合には、仲間同士で行うなどしておきましょう。後方に座っている児童にも聞こえるよう、はっきりとした大きな声で話せるように練習しましょう。

指導してくださる先生方にとっては「実習生」でも、児童にとっては「先生」です。社会人としてのマナーを身に付けていますか。早寝早起きなど、規則正しい生活習慣を身に付けていますか。少なくとも実習の1～2週間前から、実習と同じ時間帯で生活して体を慣らしながら体調を整えましょう。喫煙・飲酒の習慣は実習を機会に見直しましょう。

実習では身だしなみも大切です。通勤に使用するスーツ、ジャージなどは購入しましたか。男性はネクタイを毎日着用しますので、多めに購入しておきましょう。髪は地毛の色に戻し、女性は爪のマニキュアを落として短く切りましょう。

関連Q&A　Q.15（p.26～27）

> **question! 2** 実習校の探し方や決定までは、どのように進めていったらいいの？
>
> 実習をする学校は自分で好きな学校を選ぶことができるのでしょうか。それともきめられた学校で実習をするのでしょうか。実習校が決定するまでの流れや実習校決定は実習のどのくらい前なのか教えてください。

answer

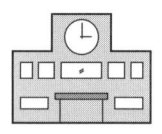

教育実習の受け入れは、各学校が行う場合と市町村教育委員会が行う場合などがあります。大学のガイダンス（オリエンテーション）などで確認しましょう。

　実習希望校へは、実習の2年前（4年次で実習なら2年次）または1年前（同3年次）に連絡をしておく必要があります。多くの小学校の場合には、教頭先生や副校長先生、教務部の先生などが窓口になっています。母校での実習を希望する場合には、恩師が在職している場合は、恩師を通じて意思表示をするとよいでしょう。大学によっては、3年次（実習の1年前）になってからガイダンス（オリエンテーション）が行われ、その後、実習希望校へ連絡をとるように指示される場合もあります。

　実習の1年前になると、実習希望校を訪問して内諾をいただき、その後、大学から実習希望校へ正式に依頼が行われます。実習校が決定するのは、実習の数か月前のこともあります。何年次に意思表示をするのか、また、どのような手順で実習校をきめるのかなどは、大学でのガイダンスで詳しく説明されます。よく聞いて行動しましょう。

　小学校教諭の免許状以外にも、幼稚園教諭や中学校教諭などの免許状取得を希望している人もいると思います。実習校のきめ方や依頼の仕方など、校種によって異なる場合が少なくありません。混乱を避けるために、免許状の実習ごとにノートをつくり、必要な事項はすべてそのノートに記入する習慣をつけましょう。

question! 3　実習校に電話をするときの留意点は？

実習校に電話をする場合、何時くらいが一番よいのでしょうか。また実習に関しての確認事項などをうかがう場合はどの先生に電話をとりついでいただけばよいのでしょうか。

answer

実習は、内諾をいただくためのアポイントメントの電話からスタートします。確認することをノートに記入し、メモをとりながら電話しましょう。

午前9時ころから午後1時ころまでを目安に、実習担当の教師にとりついでいただきましょう。窓口の先生は、学校によりますが、教務主任、教頭先生、副校長先生が多いようです。

先生方の職務は、学級経営にかかわることはもちろんのこと、特別活動や会議など多岐に渡っています。ですから「休憩時間」はほとんどありません。電話は手短かにすませられるよう、確認事項がメモできるように準備しましょう。次の手順を参考にして、電話をかけましょう。

- 職員室などにつながりますので、実習担当の教師につないでいただきましょう。

  「〇〇大学△年の□□と申します。△△年度の教育実習の件でお電話いたしました。校長先生または実習担当の先生をお願いします」

- 実習担当の教師につながったら、用件を伝えましょう。

  「〇〇大学△年の□□と申します。△△年度の教育実習をぜひ貴校で行いたいと思い、お電話いたしました。1度うかがってお話しさせていただきたいのですが、よろしいでしょうか」

この後、訪問の日時をきめていただき、必要な書類などを確認します。実習担当の教師の名前、訪問の日時、必要な書類などは、必ずメモをとりましょう。

question! 4 履歴書を書くときに気を付ける点は？

履歴書を提出するように言われました。どんな点に気を付けて記入したらよいでしょうか。またパソコンなどワープロで作成してもよいのでしょうか？

answer

履歴書はもう一つの自分の「顔」です。読みやすく書くことはもちろん、シミやしわをつけないように注意しましょう。写真にも気を配りましょう。

　大学所定の履歴書（人物調書）や市販の履歴書などを使用します。写真は、大学によってカラーか白黒、またはどちらでもよいと指定されます。万が一はがれたときに対応できるよう、写真の裏に大学名、学籍番号と名前を書いてから貼りましょう。

　手書きかワープロかの指定も、大学によってさまざまですので確認しましょう。手書きの場合には、罫線上に書くのではなく、罫線の1ミリほど上に書くと、きれいに見えます。慣れないうちは、鉛筆で薄く線を引いてから書き、すべて書き終わったら線をきれいに消しましょう。

　漢字検定や英語検定などの有資格、または有資格と同等の技能をもっているものは「特技」欄に書き、趣味と区別しましょう。「趣味」欄には、「読書（歴史小説）」「音楽鑑賞（クラシック）」などと、具体的に書きましょう。書くことがない欄は「特記事項なし」などと記入し、空欄はつくらないようにしましょう。

　手書きの場合、黒の0.3ミリ程度の細いボールペンで書くときれいに仕上がります。修正テープや修正ペンなどは使わないのが常識です。二本線で消して押印する方法も禁物です。書き損じたら新しく書き直しましょう。

　できる限り折らずに持参しましょう。A4版が折れずに入る封筒のサイズは「角2」です。

question! 5 実習前にボランティアをしたほうがよい?

複数の児童と遊んだりかかわったりした経験が今までほとんどありません。実習に行く前には地域のボランティアなどに参加し、児童とかかわる経験をして臨んだほうがよいのでしょうか?

answer

実習前に児童とかかわる経験を積むことは大切です。単発でさまざまな経験をする方法や、一つの場所で継続して行う方法などがあります。

　少子化によって児童数が少なくなったり、学校が統廃合されたりする地域が増えています。しかし児童とかかわれる場は多くあります。

　各自治体の教育委員会では、学習支援員や特別支援教育対象児への介助員など、各種の学校ボランティアを募集していることがあります。

　地域の児童館、学童保育所などでは、国や自治体できめられた人数では一人一人に目が届かずに苦慮しています。大型の児童館などでは、「ボランティア養成講座」などを開催している場合もあります。夏休みなどの長期休暇の時期には、自治体や団体がキャンプ、野外活動、スキー学校などのスタッフを募集することがあります。これらは、必ずしも「ボランティア」ではなく「アルバイト」の場合もあります。

　ボランティアを行う前には、万が一の事故に備えて「ボランティア保険」などに加入しておくことが必要です。大学で加入している保険がボランティアにも適用されるのかを確認し、そうでない場合には、地域の社会福祉協議会などに問い合わせ、必ず加入するようにしましょう。年間数百円ほどで加入できるものがほとんどです。

　いずれも、ホームページを参照したり、地域の社会福祉協議会などを訪れて情報の収集をし、無理のない計画を立てましょう。

question! 6 実習に臨む際の心構えは？

充実した実習にするためには、どのような心構えで向かえばよいでしょうか？ とくに意識すべきことなどがあれば教えてください。

answer

実習では、教師になるための資質すべてが求められます。とくに「児童と共に歩むことのできる人」であるかどうかは、評価の重要なキーポイントになります。

　教育実習生に求められるのは、上手に授業ができることだけではありません。短い期間ではありますが、児童と共に学び、歩んでいけるのかどうかが大切です。そのために、①基礎的な教養や探求心、②誠実さ、③規律正しい生活態度、などを日ごろから磨いておかなければなりません。

　「基礎的な教養や探求心」に必要なことは、学問的・技術的専門教養はもちろんのこと、幅広い教養や一般教養です。たとえば、授業中の板書で誤字、書き順の誤りなどがないよう、事前にしっかりと確認・練習したり、新聞などから社会情勢についての情報を得ておきましょう。

　「誠実さ」では、自分とは異なる他の意見にも真摯に耳を傾けられるかどうかが必要です。たとえば、指導担当教員と意見が合わなかったときなどには否定するのではなく、素直に受け止め、自分の方法に代えて取り入れてみるなどしましょう。

「規律正しい生活態度」では、言葉づかい、身だしなみ、服装などはもちろんのこと、礼儀知らず、非常識ではいけません。日ごろから「教師としての品位」を意識して行動しましょう。

教育実習は、実習校の先生方の熱意に支えられて行われることを忘れないでください。実習中のアルバイトや資格試験受験などは禁物です。採用試験受験を問われることもありますので、心得ておきましょう。

Column 教員に求められる資質能力

平成9年7月28日に出された教育職員養成審議会の「新たな時代に向けた教員養成の改善方針について」（第一次答申）によれば、教員に求められる資質能力は、以下の項目があげられています。この答申に基づき、平成10年に教育職員免許法が改正され、免許取得に関する科目の習得単位数が改定されました。
① 教育者としての使命感
② 人間の成長・発達についての深い理解
③ 幼児・児童・生徒に対する教育的愛情
④ 教科等に関する専門的知識
⑤ 広く豊かな教養
これらに基づく実践的指導力が求められています。
また、今後とくに求められる資質能力としては、以下の項目があげられています。
① 地球的視野に立って行動するための資質能力
・地球、国家、人間等に対する理解
・豊かな人間性
・国際社会で必要とされる基本的な資質能力
② 変化の時代を生きる社会人に求められる資質能力
・課題解決能力
・人間関係に関わる資質能力
・社会の変化に適応するための知識及び技能
③ 教員の職務から必然的に求められる資質能力
・幼児、児童、生徒や教育の在り方についての適切な理解
・教職への愛着、誇り、一体感
・教科指導、生徒指導のための知識、技能及び態度

question! 7 実習と大学の講義が重なったらどうする？

実習の日程と大学での講義やテストなどが重なった場合はどちらを優先したらよいのでしょうか？

answer

補習や追試等、対応方法は大学によってさまざまです。ガイダンスなどで確認しましょう。

　小学校の教育実習の多くは5～6月、9～11月に4週間行われることが多いですが、他校種の免許状も取得する場合には3週間や2週間などのことがあります。また、1週間と3週間、2週間ずつ2度などのように、2回に分けて行う場合もあります。

　実習の日程が確定したら、基本的には実習が優先となります。私的な理由での日程変更は認められません。

　いずれにしても、実習実施の時期は講義が開講されている場合が考えられますので、「欠席」して実習に参加する場合も少なくありません。対応の仕方は大学によってさまざまです。たとえば、あらかじめレポート課題が提示され、実習開始前までに提出する、実習後に補習を受けるなどの方法が考えられます。大学で配付されている「実習の手引き」などで確認しましょう。

> **question! 8** 実習校への実習依頼の際に手みやげなどの品物は必要？
>
> 実習をお願いするにあたり、実習校へ依頼の手紙を送ったり、オリエンテーション時や実習初日に手みやげなどの品物を持参すべきなのでしょうか？

answer

地域によって考え方が異なりますが、手みやげは「ご指導よろしくお願いします」という気持ちの表れです。絶対に必要なものではありません。

　実習を依頼するとき、いきなり電話をかけるのではなく、事前に手紙で実習を希望していることを伝え、投函1週間後に電話をするなどの方法が考えられます。大学のオリエンテーション（ガイダンス）などで指定された手順で依頼しましょう。大学の実習担当・巡回指導担当教員が実習中にあいさつに行くときにも、「手みやげ」を持参する場合とそうではない場合とがあります。多くの自治体の公立学校などでは、持参しても受け取っていただけない場合もありますので、大学の実習担当・巡回指導担当教員や実習指導室などに相談しましょう。

　持参する場合には、1,000円程度の茶菓が無難です。お菓子であれば個包装されているもの、お茶ならティーパックのものがよいでしょう。

question! 9 実習前のオリエンテーションでは何を聞けばよい？

初めての実習なのでオリエンテーションで確認したいことがたくさんあります。通勤の方法や言葉づかい（方言か標準語か）、特別支援学級の有無など、どこまで確認したらよいのでしょうか？

answer 
「事前指導」の講義や、学内でのオリエンテーション（ガイダンス）などで配布される印刷物などに目を通し、不明な点は早めに質問しましょう。

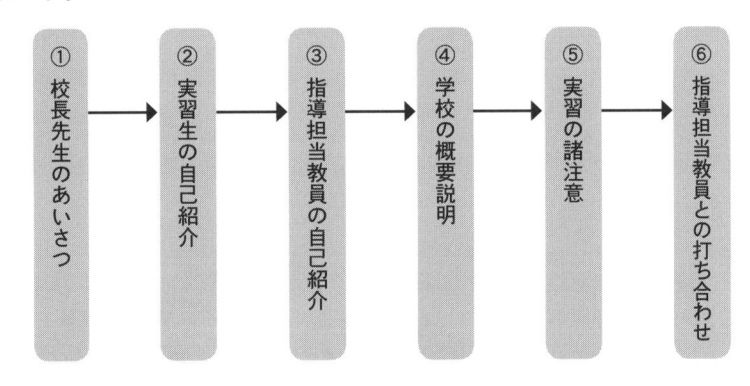

実習校でのオリエンテーションは、おおむね、次のような流れで進められます。

①校長先生のあいさつ → ②実習生の自己紹介 → ③指導担当教員の自己紹介 → ④学校の概要説明 → ⑤実習の諸注意 → ⑥指導担当教員との打ち合わせ

🌿 **実習校でのオリエンテーションの流れ** 🌿

「④学校の概要説明」では、特別支援学級や交流学級についてなど、特別支援教育の現状をうかがい、実習前に準備しておくべき事項があれば教えていただきましょう。

「⑤実習の諸注意」では、勤務時間や服装、持ち物、実習生の控え室、委員会やクラブ活動への参加の仕方などについて説明があります。名札の書き方（大学名と氏名、氏名にはふりがなを振るなど）や、実習までに準備し

ておくものなどを細かくたずねて、メモをとりましょう。

「⑥指導担当教員との打ち合わせ」では、可能であれば、担当する学級の児童の顔と名前とが早く覚えられるよう名簿や座席表をいただいたり、各教科の教科書会社名や資料集の有無、各教科で扱っている単元名などを確認しましょう。

当日は、資料などをお借りすることもありますので、大き目のバッグ（エコバッグなど）を用意しておくと便利です。また、「お客様」ではありませんので、上履きは必ず持参しましょう。

また、首都圏以外の学校での実習であれば、授業中と休み時間とでいわゆる「標準語」と「方言」の使い分けがあるのかを確認しましょう。

関連Q&A　Q.10（p.20）

Column　避難訓練①

　避難訓練とは、避難経路を覚え災害などのいざというときの避難の方法やパニック状態の抑制方法を覚えるために行われる訓練です。学校では、年に数回、避難訓練が行われます。訓練は、「火災」、「地震」、「津波」など、それぞれを想定して行われています。小学校では、防災ずきんを家庭から持参させ、常に座席の近くに置く学校が多いようです。また、その他にも附属池田小事件などの事件以降行われるようになりました不審者の侵入への対応の訓練などもあります。

　「火災」を想定した訓練では、ハンカチなどを口に当てながら、腰を低くして歩き校舎の外に出ます。「地震」を想定した訓練では、揺れがおさまるまで机の下に頭や体を隠し、安全な経路で校舎の外に出ます。

　2011年3月11日に起こった東日本大震災以降、この避難訓練の重要性が再認識されています。それまでは「おもしろ半分」で訓練していた児童が多かったのですが、全員一言も話さず参加するようになったといいます。いざというときのための訓練には、真剣に取り組む必要があることがわかったからではないでしょうか。とはいっても、教員養成校でも避難訓練を実施していない大学も多く、大学生や大人になると真剣みのない、いい加減な訓練になってしまいがちです。教師としてきちんと対応ができるためにも、避難訓練の際には真剣に取り組みましょう（p.67「Column」参照）。

> **question! 10** 実習校の教育目標や児童の実態は事前に確認できる？
>
> 実習校の教育目標や配属学級、また児童の実態など事前に知りたいのですが、いつ、誰に、どのように確認したらよいでしょうか？

answer

事前オリエンテーションなどで確認できます。たずねてみましょう。

　実習校の教育目標や児童の実態については、Q9「事前オリエンテーションの流れ」に書いた「④学校の概要説明」で、校長先生などから説明を受ける事項です。学校の規模や学区などとともに説明があるでしょう。最近では、ホームページが充実している小学校が増えましたので、オリエンテーションに参加する前に1度チェックしてみましょう。

　担当する学級の児童の様子については、指導担当教員に聞くとともに、「学級だより」や「学年通信」などを見せていただくと、よりわかります。

　また、特別に配慮の必要な児童（特別支援教育対象児）の有無、特別支援学級との交流があるかなど、実習校での特別支援教育の現状をうかがい、本を読むなどして障がいへの理解を深めておきましょう。

関連Q&A　Q.9（p.18〜19）

question! 11　自分の希望の伝え方を教えて

教壇実習教科の希望など、実習先に「わがまま」と思われないような、自分の希望の伝え方のポイントなどはありますか？　教えてください。

answer

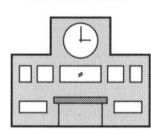

「実習でこんなことにチャレンジしてみたい」と思うことがあります。なぜそれをしてみたいのかとともに伝えてみましょう。

　実習は、実際の仕事を通じて、必要な技術、能力、知識、あるいは態度や価値観などを身に付けさせる教育訓練である「ＯＪＴ」(on the job training) です。実習の課題や目標を設定しながら、「国語の音読を指導してみたい」「合奏の指導を体験したい」など、挑戦したいことが出てくるはずです。まず、指導担当教員が作成した「年間指導計画」を見せていただき、自分の実習が「指導計画」のどの部分に当たるのかを確認しましょう。その上で、予定されている単元と合うようであれば、一方的に希望を言うのではなく、なぜその単元の担当を希望するのかを伝え、可能であれば実習させていただきましょう。

　研究授業の科目は、児童の実態や、自身の実習の進み具合などで、必ずしも希望通りになるとは限りません。指導担当教員とよく相談してきめましょう。

　オリエンテーションなどで、教壇実習科目の希望などをたずねられることがあります。大学などで、たとえば「国語、算数を含めて６時間以上」などと規定されている場合には、それに従いましょう。規定時間以上に実習が可能であれば、ぜひ実習してみたい科目を伝え、指導担当教員と相談しましょう。

question! 12 教員以外の職種の職員を教えて

小学校には教員以外にどのような職員の方がいるのでしょうか？ またその方々の仕事やかかわり方を教えてください。

answer

学校には、さまざまな職種の人や、地域のボランティアなどがかかわっています。

学校には、次のような「教員」「職員」がいます。

① **校　長**　校務をつかさどり、教員、事務職員、技術職員などの所属職員を監督する。

② **副校長**　各学校の判断で置くことができる職。校長を助け、命を受けて校務をつかさどる。

③ **教　頭**　副校長を置くときには教頭を置かないことができる。必要に応じて児童の教育をつかさどる。

④ **主幹教諭**　校長（副校長を置く学校では校長と副校長）および教頭を助け、命を受けて校務の一部を整理する。加えて、児童の養護または栄養の指導および管理をつかさどる主幹教諭を置くこともできる。

⑤ **司書教諭**　学校図書館の専門的職務をつかさどり、12学級以上の学校には専任の司書教諭を必ず置かなければならない。

⑥ **専科教諭**　特定の教科だけを担当している教員（音楽だけを教えている「音楽専科」など）。

⑦ **養護教諭**　校長、学校医、学校歯科医、学校薬剤師、一般教員と連携をとりながら、健康に関する情報の把握、疾病の予防と、健康の保持増進を行う。

⑧ **栄養教諭**　食に関する指導と学校給食の管理を一体的に行い、配置は各地方自治体等の判断に委ねられている。

⑨ ＡＬＴ (Assistant Language Teacher)	外国語指導助手。日本人教師の助手として外国語を教える外国人講師。
⑩ 学校事務職	学校の事務処理を行う。
⑪ 学校司書	学校図書館の仕事のうち、図書などの発注、分類やレファレンス（相談）、読み聞かせなど、おもに司書教諭が担当しない分野を受けもつ。
⑫ 学校用務員	学校設備の維持管理を行う。

　2020年度からは、外国語教育が3年生から必修化、5年生から教科化されるため、外国語専科の教員が配置されている学校もあるでしょう。
　この他、読み聞かせ、登下校時の見守りなど、数多くの地域ボランティアもかかわっています。オリエンテーションなどで確認しましょう。

question! 13 実習に必要な物品は？

実習に必要な物品にはどのようなものがありますか？ 事前に用意しておかなければならないものなど教えてください。

answer

ふだん使用しているものはもちろん、使用していないものの中にも、もっていると便利なものが多くあります。そのほとんどは100円均一ショップで購入できます。

　上履きや外履き、筆記用具やメモ帳などは、どの大学でも持参するように指導されていると思います。その他に、次のものがあると便利ですので、参考にしてください。

付箋紙（大き目のものを数色、授業を参観しているときに気が付いたことなどを書き込みます）

クリップボード（紙ばさみ。授業を参観するときなどに指導案を挟むものがないと不便です）

首からぶら下げるタイプのボールペン（いつでもメモできる環境が保てます）

四色ボールペン（赤は最重要、青は次に重要、緑は今は必要ではないが役に立ちそうな事項などと色分けして使用します）

漢字の書き順辞典（板書するときに、書き順が違うと児童に指摘されて恥ずかしいです）

漢字辞典（担当する学年や、前年度までに習った漢字を調べておかなければ、板書するときに困ります）

question! 14 小学校での1日の流れを教えて

小学校の基本的な1日の流れを教えてください。また、実習生として過ごす場合の基本的な1日の流れも教えてください。

answer

学年によって年間授業時間数が異なりますから、下校時間も違う場合があります。また、高学年にはクラブ活動などがあります。

右の表はある小学校のある学年の時程（校時表：1日の流れ）です。

「朝の活動」では、全校朝会の他、全校集会や学年集会、読書の他、委員会活動などが行われる学校もあります。「掃除」は、日によって「帰りの会」の直前に行われたり、「ゴミを拾う」活動のみの場合もあります。

実習生は、表の中の一部分を観察したり、担当することが多いです。授業を担当する場合には、事前に学習指導案を立案します。どのような教科を担当するのかなど実習の詳細は、実習校のオリエンテーションで確認しましょう。

ある小学校の1日の流れ

時間	内容
8:15 〜 8:45	朝の会、朝の活動（全校朝会、読書タイムなど）
8:45 〜 9:30	1時間目
9:30 〜 9:40	10分休み
9:40 〜 10:25	2時間目
10:25 〜 10:40	中休み
10:40 〜 11:25	3時間目
11:25 〜 11:35	10分休み
11:35 〜 12:20	4時間目
12:20 〜 13:45	給食・昼休み
13:45 〜 14:05	掃除
14:05 〜 14:50	5時間目
14:50 〜 15:00	10分休み
15:00 〜 15:45	6時間目
15:45 〜 16:00	帰りの会

question! 15 通勤・実習時の服装や髪型は？

通勤時や実習時での服装や髪型はどのようなものがよいのでしょうか？ また、体育の授業や校外へ引率する際の服装の配慮点も教えてください。

answer

実習はアルバイトではありませんから、社会人として身だしなみを整える必要があります。基本的には、通勤時はスーツを着用します。

　多くの大学で、通勤時は「スーツ着用」としています。実習時は、実習校によってさまざまです。研究授業はスーツ着用の場合が多いですが、その他の実習時はジャージ、スーツなどさまざまです。色の指定なども考えられますので、実習校のオリエンテーションで確認しましょう。

　体育の授業や校外引率時の服装も、オリエンテーションなどで確認しましょう。

　男性は、シャツは毎日着替えるのである程度買いそろえていると思いますが、ネクタイは手持ちの数が少ない人もいます。児童は、実習生の服装をよく観察しています。実習前に数本購入するとよいでしょう。

　髪は地毛の色に戻し、長い髪は黒いゴムなどで束ね、すっきりとした印象で実習に臨みましょう。前髪は眉毛が隠れない程度の長さにして、すっきりとした印象が与えられるように心がけましょう。女性は化粧は薄化粧を心がけ、香水は禁止です。

　爪は短く切り、ネイルアートやマニキュアは落としましょう。ペンダントや指輪などのアクセサリーも実習には不要ですので、着用しないように気を付けましょう。

　暑い季節には、汗を拭くためのハンドタオルなどが必需です。シャツの袖口などで拭くことは、見た目にも衛生的にもよい印象を与えませんし、児童がまねをします。常に「指導する立場」にあることを忘れないでくだ

- 髪は地毛の色で
- 長い髪は束ね、薄化粧で！
- Yシャツは毎日着替えアイロンを！
- スーツできちんとした印象を！
- 爪は短く切っておこう！
- マニキュア・ネイルアートは×
- ズボンのしわも確認しよう！

さい。

　6月や9月などの暑い季節にスーツを着用することは大変です。最近では「クールビズ」の考え方が浸透していますので、シャツの第一ボタンをはずす、ネクタイを着用しないなどが可能か、オリエンテーションなどで確認しましょう。

　しかし、海水浴に行くような肌の露出の多い服装やサンダル履きなどでの通勤は言語道断です。場をわきまえた服装を心がけましょう。

関連Q&A　Q.1 (p.9)

question! 16　何時までに出勤すればよいの？

実習先での児童の登校時間は 8 時 15 分と言われました。何時までに出勤すればよいのでしょうか？　また体調不良などで遅刻や早退、欠勤したい場合の対応の仕方を教えてください。

answer

児童が登校する前にも多くの仕事があります。始業ぎりぎりに駆け込むような実習生は、教師として失格です。時間には余裕をもって出勤しましょう。

「朝の会」などは 8 時 15 分ころから始まりますが、先生方の多くは 7 時 30 分ころには出勤しています。8 時ころから「職員打ち合わせ」などを行っている学校もありますので、実習校でのオリエンテーションで、出勤時間を確認しましょう。遅くとも職員打ち合わせの 30 分くらい前には出勤しましょう。

基本的に遅刻や欠席は厳禁です。体調不良などで遅刻や欠勤をする場合には、電話で校長先生に連絡しましょう。その後、大学の実習指導室や実習担当・巡回指導担当教員にも連絡します。実習期間の延長が必要になる場合には、体調が戻って出勤したとき、具体的な日程の調整を行い、大学に報告しましょう。

朝の活動は、先生方と共に校門に立って児童を「おはようございます」と迎えたり、職員室の机を水拭きしたり、玄関の掃除をするなど、1 日を気持ちよく過ごせるように環境を整えることがとても大切です。また、そのようなことを積極的に行うことで、がんばっていることをアピールすることもできます。指導担当教員に「○○をしてもよいですか」と聞いた上で、ぜひチャレンジしましょう。

実習中は日常の学生生活とタイムスケジュールも大きく異なります。アルバイトやサークルなどの活動も実習中は慎まなければなりません。毎日

の生活を急にあらためるのはとてもむずかしいものです。実習期間が決定したら、実習直前ではなく、数週間前から、実習に合わせた規則正しい生活を心がけ実習に備えましょう。

Column　日ごろのタイムスケジュールを見直そう！

　実習中は日常の学生生活と違い、日常の大学での授業よりも早起きしなければなりません。急に日常の生活を変えようとしても、かえって心身ともに負担がくるものです。アルバイトをしている人は実習期間中は休めるよう事前にお願いしておく必要もあるでしょう。

　次に示した例は、実習に向かうＡ子さんの４月と実習期間を想定して変更していった５月、そして実習期間となる実習直前の６月のタイムスケジュールです。

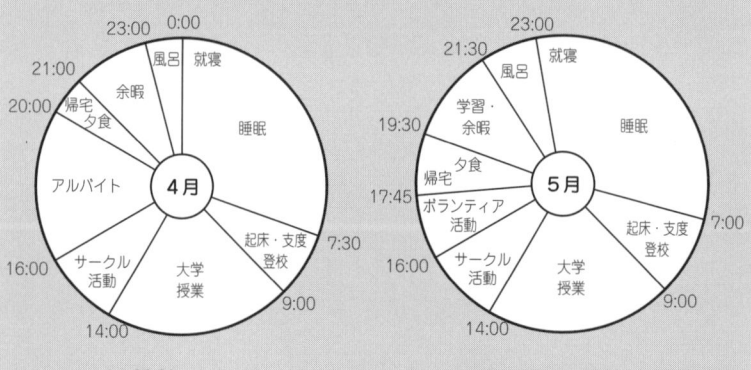

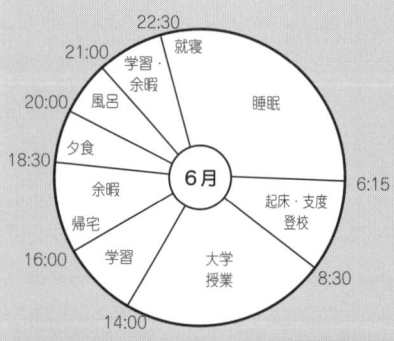

A子さんはアルバイトとサークル活動をしていましたが、実習に向けて、実習前月の５月にはボランティア活動に参加したり、起床時間や就寝時間の生活のリズムを見直しています。

　みなさんもA子さんのように、実習に合わせた計画的な生活の見直しを行うとよいでしょう。

question! 17 他の実習生とはどのように接すればよい？

今回の実習では他校からの実習生も数人いると聞いています。他の実習生とはどのように接したらよいでしょうか？　気を付ける点はありますか？

answer

中規模〜大規模校では、1度に数名の実習生を受け入れることが少なくありません。「通信教育課程」に在籍し、勤めながら自宅で学習をしている社会人実習生がいることもあります。

　実際には、皆、緊張していて、自分が配属された学級との対応や教材研究などに追われて手一杯になります。ですから、実習生同士の関係で悩むことはあまりないかもしれません。しかし、とくに、短期大学部の学生の場合、一緒に実習するのが四年制の学生ですと、自分以外は「先輩」なので、戸惑うかもしれません。もし実習校の卒業生であれば「○○年の卒業生です、△△さんはいつの卒業生ですか」などと話しかけてみましょう。

　実習校には公立、私立、短期大学、四年制大学、共学、女子大など、さまざまな大学から実習に来ますので、お互いの情報交換の場にもなります。中には「通信教育課程」で学生として学びながら、社会人として活躍している実習生もいます。実習に慣れてくると、他の実習生の授業（教壇実習）を見ていろいろなことに気付くようになります。また、指導案や実習日誌の書き方、児童や指導担当教員とのつきあい方など、困ったことを相談できる「仲間」です。

　むやみに話しかける必要はありませんが、自分では気付かないポイントなどを指摘してもらうためにも、笑顔で話しかけ、良好な関係を築いておきましょう。

Part 2

実習中のQ＆A

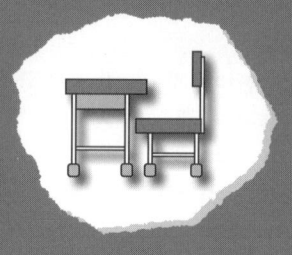

　　Part 2は授業に関連してのQ＆Aです。
　学習指導案を立てるとき、また、授業を進めていく上で、実習生のみなさんが、必ず出会い、迷う問題を取り上げました。
　しかし、授業で出会うさまざまな問題解決に、マニュアルはありません。その授業の目標、そのときどきの児童との関係で考えねばなりません。ここでのQ＆Aは、それらの問題を考える上で、どのように考えればよいかを伝えます。
　それらは、これまでの多くの教師の実践と研究に支えられ、生み出されてきたものです。

児童とのかかわりの中で

実習中の Q&A

question 18	児童への自己紹介の仕方のポイントは？
question 19	児童と初めて会ったときにはどうすれば？
question 20	児童の呼び方や児童への言葉づかいはどのようにしたらよい？
question 21	各学年に応じたかかわり方の違いは？
question 22	児童と遊ぶときの注意点は？
question 23	児童をほめるときの言葉や方法は？
question 24	児童を叱ってもいいの？
question 25	児童から「担任の先生に言わないで」と相談されても担任教師に報告すべき？
question 26	児童の気持ちをつかむコツは？
question 27	児童から相手にされないとき、どう対応したら？
question 28	児童からのプレゼントは受け取ってよい？
question 29	児童が担任教師を揶揄するような言動への対応は？
question 30	ケンカの仲裁方法は？
question 31	児童と携帯電話の番号やメールアドレスを交換してもよいの？
question 32	「彼氏（彼女）はいるの？」と聞かれたときはどう答えたらいい？
question 33	飲食店の児童に「うちのお店に来て」と言われたときの対応の仕方は？
question 34	担当の学級以外の児童との接し方を教えて
question 35	配慮の必要な児童や障がいのある児童と接するときの注意点は？
question 36	発達障がいの児童がパニックを起こしたときの対応は？
question 37	いじめや虐待の疑いを発見したときは？
question 38	差別的な言動やセクシュアルハラスメントになる言動を教えて
question 39	特定の児童ばかりがかかわってきてしまう場合の対応は？

question! 18　児童への自己紹介の仕方のポイントは？

実習初日に全校朝会で児童たちへ自己紹介するように言われました。どのような点に気を付ければよいでしょうか？　その後、学級での自己紹介もあるのですが、全校朝会と異なる学級での自己紹介のポイントはありますか？

answer

全校朝会での自己紹介は、顔を覚えてもらうのが目的ですから簡潔に話すことが重要で時間は1分以内で。学級での自己紹介はこれから一緒に勉強するのですから長めに話すこと。

　全校朝会での自己紹介は、①自分の名前、②大学名、③一言（みんなと仲よくなりたい、しっかり勉強しますなど）、④「よろしくお願いします」という最後のあいさつなどプロフィール的な話を1分以内でしましょう（順不同）。大勢の児童の前で話しますので、大きな声で。

　学級での自己紹介は、これから数週間、生活や勉強を一緒にする学級の児童に、①自分の名前、②大学名、③自分の趣味や興味（タレントはやめておいたほうがよいでしょう）、④あいさつなどをわかりやすく話しましょう。全体朝会での自己紹介と重複してもかまいませんが、学級の児童の印象に残るように工夫をしてください。黒板（前もって指導担当教員の許可は得てください）に名前や出身地を書く、全校朝会での自己紹介の内容をたずねる、出身地を当てるクイズを出すなども一つの案です。

　自己紹介の時間がどのくらいなのか、全校朝会でしたら、頼まれた教師に、学級でしたら指導担当教員に前もってたずねて、計画を立ててください。児童は初めて実習生に会いますので、興味津々ですので、一生懸命話すことが大切です。間違えたりうまくいかなくても、児童は受け入れてくれます。メモは使わず、児童の顔を見て、臆せずに気持ちを込めてほほえみを浮かべて、ゆっくりとはっきりと話しましょう。

関連Q&A　Q.40 (p.59)
　　　　　Q.93 (p.129)

question! 19 児童と初めて会ったときにはどうすれば？

実習初日の登校の際など、まだ児童に自己紹介もしていないとき、児童と初めてあった場合にはどのように接したらよいでしょうか？

answer

普通にあいさつをしましょう。もし、児童に名前を聞かれたら、詳細は別として誰であるかは答えましょう。これから、児童と一緒に学校生活を送るのですから。

　児童は、自分の学級にこなくても、どんな実習生がくるかは興味津々です。ですから、朝、会えば、大きな声で、「おはようございます」というのが礼儀です。実習では初日から、学生ではなく"教師"になります。すべての行動が児童のお手本です。また、児童は学年が低くなればなるほど教師のまねをします。教師がモデルなのです。そのような意味からも、しっかりあいさつはしましょう。もちろん、いうまでもなく教職員の方々にもです。

　あいさつというのは、いつ、どんなあいさつをしなければならないのか、大変むずかしいと思います。ましてや、初めて児童に会うのですから「児童に早く知ってもらいたい」「児童と早く心が通じたい」と思うのは自然のことです。その気持ちをあいさつに込めたらどうでしょうか。

　それから、「誰か」と聞かれたら、名前や今日からくる実習生ぐらいは話してあげましょう。後は「自己紹介でね」ということも、実習生の興味を残すために必要です。

　最近の学生は、あいさつができません。大学でも筆者があいさつをしているのに、返ってくるのは半分以下です。その原因の一つが、携帯音楽機器です。実習期間中は、自宅を出て、学校まではイヤホンは外すこと。どこで、児童に声をかけられるかわからないからです。

question! 20 児童の呼び方や児童への言葉づかいはどのようにしたらよい？

児童の名前はどう呼んだらよいのでしょうか？　ニックネームなどで呼んでもよいのでしょうか？　また児童への言葉づかいは、ふだん、友達と話すような話し方でよいのでしょうか？

answer

児童の名前は、基本的には名字で呼びましょう。児童への言葉づかいは、友達と話す話し方ではダメ。きれいな日本語を使用しましょう。学生ではなく教師なのですから。

　児童たちをどのように呼ぶかは、実習生からよくたずねられる質問です。名字で呼び、男女かかわりなく「さん」づけが基本です。男は「君」で、女は「さん」ではないのですかというかもしれませんが、どちらも「さん」にするのが男女平等からも当然のことです。もちろん、学校などによって異なりますので、担任教師がどのように呼んでいるのか、どのように呼んだらよいのかをたずねておきましょう。

　現在、さまざまなところで、男女平等、子どもの権利条約の履行がいわれてきています。男女混合名簿などはその現れです。学校ですので、男性と女性の平等はふだんの生活から伝えるべきです。

　言葉づかいは、最近の学生たちを実習に行かせるときの心配事の一つです。どうも、汚い言葉が多く、また短いセンテンスで、断定的で、人を傷付ける言葉を使うなど、悪いことばかりです。実習生は学生ではありません。教師なのですから、その自覚のもとに、児童と話をしてください。

　具体的にとよく言われます。でも、ここで具体例を出すと「それだけ」と思う学生が多く、それ以外は構わないと思ってしまいます。大学の実習担当の先生に、自分の話し方について実習へ行く前に、話してみて注意を受けましょう。

question! 21 各学年に応じたかかわり方の違いは？

参観授業を各学年で行う機会をいただきました。各学年の児童と接する際のかかわりの違いやポイントを教えてください。

answer

低学年はできる限り具体的な指導を。中学年は児童が集団でさまざまなことをするようになるので児童への目配りを。高学年は勉強の進度がばらばらになりますのでその配慮を。

　1年生は、初めての学校での集団生活ですので、学校生活に慣れようとがんばっています。初めは、じっと座って教師の話を聞けませんが、1か月くらいすると座って話が聞けるようになります。しかし、集中力は長続きしません。友達関係はまだ教師が中心で、学習も遊び的な要素が多く、授業ではどの児童も手をあげて元気に発言します。このように1年生は、教師を中心とした家族的な学級生活を送っています。1年生の指導はできるだけ身近にある実例を示すなど具体的・個別的な指導が中心となります。

　2年生になりますと、学校生活にも慣れ、学習や遊びもより活動的になり、友達同士で遊べるようになり、活動範囲も広がってきます。何でもやってみようという前向きの姿勢が見られ、学習態度はのびのびしており、教師の発問には、元気よく答えますが、教師との一対一のやりとりがほとんどで教師に向かって答えるのみです。勉強は複雑な漢字やかけ算の九九を習うなど少しずつむずかしくなり、勉強嫌いの芽が出てきます。2年生の指導では、積極的にそのような児童の特徴を生かし、日常性を重要視しながら、勉強に遅れないよう個別指導を加味して指導しましょう。

　3年生になりますと、学校にもすっかり慣れ、体格もよくなり、体力もついてきます。学習では、問題を解くのに、教師の援助を支えにして自主的に判断したりすることができるようになりますが、友達とは、競争心から仲間はずれがはじまったりします。また、勉強は、生活科が社会や理科

となるように日常性から系統的な学習となります。そこで、児童の友達関係を留意をして児童の自主性を尊重した指導が中心になります。

4年生は、学習や運動に積極的に取り組む姿勢が見られ、多面的に論理的に考えることが可能になりますが、このころから「勉強嫌い」がはっきりしてきます。というのも、算数で分数を学ぶなど、ますます勉強の内容がむずかしくなるからです。また、自分のことは自分で考えられるようになります。さらに、個人差が見られ、また女子のほうが早いですが、第二次性徴期になり、異性を意識するようになります。そこで、指導においても個人差を重視し、勉強が遅れがちな児童への配慮が必要となります。

5年生になると、旺盛な探求心や論理性が高まり、興味や関心の範囲は広がり、社会の出来事へ目を向ける児童もいます。勉強・学習面では、正確に、ねばり強く、しかも柔軟に対処しようとする姿勢も見られます。このころになりますと、自分を意識し、内面的な深まりも出現しますので、人にどう見られているのか、どう思われているのかが、人一倍気になり、考え悩むことがあります。さらに、身体的にも個人差が目立つようになります。とくに、性的な成熟に差が大きくなり、女子と男子の差も大きくなります。そこで、5年生の指導には、このような特徴を配慮し、じっくり考えさせる指導を中心に考えてみましょう。

最高学年の6年生になりますと、そのことを意識して学校の中でもそのように振る舞うようになります。また、多くの児童が思春期になり、自分なりの考えをもち、自己の確立へと向かうようになり、何でも大人のまねをしたがり、目立つこと、おしゃれ、かっこうよさなどが興味や関心の中心になります。勉強・学習面は、論理的・創造的な思考が、いっそう高まり、読みや計算などの基礎学力は全般的に向上しますので、言葉や思考を中心とした指導になります。

最後にどの学年でも留意が必要な児童は、「勉強がわかりにくい子」です。実習生では配慮はなかなかできないかもしれませんが声かけはできます。「がんばってるね」「できたね、すごいね」などの声かけを忘れずに。

question! 22 児童と遊ぶときの注意点は？

休み時間など、児童と遊ぶときに注意する点はありますか？ 晴れの際の屋外での遊び、雨の際の室内の遊びで、とくに気を付けることはありますか？ また、休み時間に授業準備をしたい場合は遊ばなくてよいのでしょうか？

answer

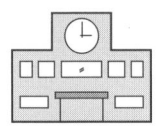

休み時間はおおいに遊びましょう。とくに室内遊びではケガとケンカには気を付けましょう。休み時間に授業準備を担任教師に頼まれた場合は児童に理由を伝え指示に従いましょう。

　休み時間は、児童にとって、重要な時間です。というのも、勉強等で緊張していた心を遊び等によって発散するからです。ですから、実習生といえども、いえ実習生だからこそ、児童とおおいに遊びましょう。遊び集団ほど学級集団の様子がよくわかるからです。

　そのときの配慮としては、ケガとケンカには気を付けましょう。雨の日の室内遊びでは、児童はふだんの外遊びと同じように活動してしまいますので、廊下を走ったり、教室で大暴れをしたりします。そのようなときは、きちんと止めさせましょう。やってよいことと、悪いことを明確に児童に知らせましょう。実習生はとかく遠慮がちになりますが、そのことが大事故につながることがあるからです。

休み時間の遊びで留意しなければならないことは、まだあります。それは、みんなが外で遊んでいるのに、一人教室に残っている児童です。もちろん、病気ということもありますが、そのような児童の話し相手になることも大切です。さらに、特定のグループの児童だけと遊ぶのではなく、できる限り異なったグループと遊ぶようにも留意しましょう。

　さて、休み時間に授業準備をしたい場合ですが、原則は放課後に準備をしてください。児童が学校に在校している時間はできる限り、児童とふれあうことが大切です。急に授業の準備をしてくれと担任教師に頼まれたり、研究授業の準備などは別です。

　実習は、勉強を教えるばかりではなく、学級経営や児童の様子を知ることも重要なことです。

Column　休み時間の児童アラカルト

・中休みに、教室で2〜3人の男の子がカードゲームをしています。
・女の子が数人、泣いている子を中心に集まっています。
・男の子が呆然としています。そばには、花瓶が割れています。
・数人の児童がいたので近づいたら、出て行ってしまいました。居た場所に破れた学級文庫の本がおいてありました。
・男の子と女の子が、何か言い合いをしています。
・教室で、何もしないで自分の席に座っている児童がいます。
・掃除具を出して、遊んでいます。中には、掃除具入れに隠れている児童も。
・外では、児童がドッジボールをしています。一人手持ちぶさたにしています。
・児童が飛び込んできました。「○○君がケガした」と。

　ここにあげたことは、日常どの学校でも見られる光景です。このような光景を見たときに、あなたはどうしますか。日ごろから考えてみてください。この本を参考にし自分なりの回答集をつくってみてください。

question! 23 児童をほめるときの言葉や方法は？

児童をほめたいとき、具体的にどのような言葉をかけてあげるとよいのでしょうか？ また言葉をかけるタイミングやコツはありますか？

answer

どんな言葉かけでも、気持ちを込めて「ほめる」ことです。後でほめるときは、「○○さんの、こんなことがよかった」と、何をほめられたのかわかるようにほめることです。

　みなさんはほめられて嫌だと思ったことがありますか？　あるとしたら、それは気持ちがこもっていない言葉で、ほめられたときではないのでしょうか。児童も同じです。ほめられるときに気持ちがこもっていない言葉だと、ほめられているのか、叱られているのかわからなくなります。ですから、ほめるときは心を込めてほめてください。具体的には、「○○さん、友達の勉強のわからないところを教えてあげてすごいね」とか「ステキだね」と言うように、誰が・誰を・いつ・どうしたのかを具体的にほめることが重要です。学級全体をほめるときには"誰"は必要ありません。

　さて、タイミングですが基本はありません。ほめられることをしたときに、その場でほめるのもよいのですが、その場にいなくても後でわかったらほめればよいと思います。ただ何日も後の場合は、「最近、先生が知ったので」などと謝ってから、ほめることも大切だと思います。

　ほめる際に留意しなければならないのは、個人的にほめるのか、集団の前でほめるのかです。それは、中学年以上になりますと、自己が確立するので、児童をほめたことにより、「いじめ」が発生する場合もあるからです。

　最後にほめられることも必ず担任教師へ連絡をしましょう。というのは、案外担任教師でも見過ごしていることがあるからです。ほめることに悩む場合は、担任教師の指導を受けるのも一つです。

question! 24　児童を叱ってもいいの？

よく叱ってもよいが怒ってはいけないといいますが、実習で児童を叱ってもよいのでしょうか？　「叱る」と「怒る」の具体的な違いを教えてください。

answer

「怒る」と「叱る」は異なります。使い分けができるよう、意味を調べてみましょう。

　「怒る」は「不満・不快なことがあって、がまんできない気持ちを表す」、つまり感情的に腹を立てること、「叱る」は「目下の者の言動のよくない点などを指摘して、強くとがめる」、つまり諭すことです。

　児童を指導する立場であれば、当然「叱る」場面も想定されます。実習生だから指導してはいけないなどというきまりはありません。大人として、児童を指導する立場であることを忘れないでください。

　児童は、自分が嫌われたから叱られたのだと勘違いすることがよくあります。もし叱ったら、その後、「嫌いだから叱ったのではない」が伝わるよう、スキンシップを取ったり、一緒に遊ぶなどして、対象児とコミュニケーションをより多くとることを心がけましょう。

question! 25 児童から「担任の先生に言わないで」と相談されても担任教師に報告すべき？

児童から「担任の先生に言わないで」などと悩みを打ち明けられた場合、担任教師にはその内容を報告する必要はあるのでしょうか？　そのような場合の相談をしてきた児童へのその後のかかわり方も教えてください。

answer

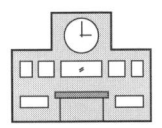

相談の内容にもよりますが、基本的に実習生には、担任教師に報告する義務があります。どのような方法で伝えるかを考えて報告しましょう。

　実習生は、担任教師よりも児童に年齢がより近いので、話しかけられることが多いものです。「昨日ママ（パパ）と一緒に水族館に行ったの」「夕べお兄ちゃん（お姉ちゃん）と勉強したよ」などであれば、とくに報告の必要はありません。

　近年、共働きや一人親の家庭が増えているといわれています。「ママ（パパ）の帰りが遅くて寂しい」「両親のケンカが絶えない」など家庭環境に関する話題の中には、相談ではなく「告白」のこともあります。このような場合、指導上必要だと思われることは、「担任の先生に言わないで」と言われても、報告しなければなりません。

　必要に応じて相談（告白）してくれた児童には「話してくれてありがとう」などと伝え、その上で、「○○ちゃんが困って（悩んで）いることを、△△先生（実習生）と一緒に□□先生（担任教師）に相談しに行こう」などと、自分の口から担任教師に相談できるよう促してみましょう。

　いじめや虐待などが疑われるような言動が見られた場合にはすぐに報告しましょう。

関連Q&A　Q.37（p.54）

question! 26　児童の気持ちをつかむコツは？

児童の気持ちをつかむコツはありますか？　またどうしても心が通じない児童や苦手なタイプの児童への対応の仕方を教えてください。

answer

児童は、実習生とたくさんかかわりたいと思っています。児童の話に耳を傾け、一緒に過ごす時間を大切にしましょう。

　一言で言えば、どの児童とも分け隔てなくかかわり、何事にも全力で取り組むことです。

　受けもつ学年にもよりますが、多くの児童は、実習生に大変興味をもっています。また、わざとからかったり、悪ふざけをしたりすることで、実習生を「試す」こともします。また、担任教師との違いを探す児童もいます。悪いことには毅然とした態度を示し、よいことはしっかりとほめてあげましょう。

　授業中に「だじゃれ」を言うなどして児童の気持ちをつかもうとすることがあります。低学年であれば受け入れられることが多いですが、高学年になると「授業が進まない」などと不快感を表す児童もいます。児童が何を求めているのか、受けもつ学級の雰囲気、発達度合いなどを観察し、「自分が目の前の児童だとしたら、どのようにかかわってほしいのか」を考えて行動しましょう。

　苦手なタイプの児童の場合には、その子のよいところをほめてあげるなどして接することから始めましょう。

question! 27 児童から相手にされないとき、どう対応したら?

児童から「先生嫌い」と言われたり、からかわれてばかりでまったく話も聞いてもらえない場合はどのように対応したらよいのでしょうか?

answer

自分で「壁」をつくっている可能性があります。積極的に声をかけてみましょう。

　学級にはさまざまな性格や個性の児童が在籍しています。自分の気持ちを言葉で表現できる児童や表現できにくい児童、自分から積極的に話しかけてくる児童やなかなか話しかけられない児童などもいます。しかし、どの児童も、実習生とは仲よくなりたいと思っています。

　話を聞いてもらえないのは、実習生自身が児童の話に耳を傾けていないからかもしれません。たとえば「今、忙しいから、また後でね」では、いつまで待てばよいのかわかりませんし、せっかく声をかけてくれた児童の気持ちに応えられていません。「時計の針が6になったらもう1度来てね、そのときまでにこのお仕事終わらせておくね」などと、いつまで待てばよいのかなどを具体的に話しましょう。そうすれば、児童とのかかわりを断ち切ることがありません。

　「嫌い」は「好き」の裏返しかもしれません。どの児童にも、まず「おはよう」などとあいさつすることから始めましょう。たとえあいさつを返してくれなくても続けてみましょう。時間はかかるかもしれませんが、きっと心を開いてくれるはずです。

question! 28 児童からのプレゼントは受け取ってよい？

児童から手紙をもらったらどのように対応したらよいでしょうか？　また「先生にあげる」と言われ、小物などの物品のプレゼントをもらった場合はどうしたらよいのでしょうか？

answer

色紙や手紙などをもらうことがあるかもしれません。「もの」ではなく「こころ」のお返しで答えましょう。

　実習の後半ともなると、担当学級で「お別れ会」などを催してくださり、色紙や花束、手紙などをプレゼントされるでしょう。実習は、児童たちのサポートがあったからこそ無事に終了できたのだという感謝の気持ちを、「お礼のあいさつ」で精一杯伝えましょう。

　小学生ですから、高価な物品をプレゼントされることはないと思いますが、手づくりの品をプレゼントされるかもしれません。一人一人にお礼のカードを手づくりするなどの「お返し」を用意する方法もあります。指導担当教員と相談し、心に残る「お礼」を考えましょう。

Column　児童へのお礼

　実習の終盤になると、研究授業の準備や実習日誌の整理等で、思うように時間がとれなくなります。お礼のプレゼントを準備する予定があるならば、実習中盤ごろから準備するとよいでしょう。手づくりのカードなら「飛び出すカード」、シールや折り紙等を貼った「カラフルカード」などが喜ばれます。

　必ずつくるというものではありませんので、無理をせず、有意義な実習となるよう、教材研究等で最善の努力をしましょう。

question! 29 児童が担任教師を揶揄するような言動への対応は？

児童が担任教師の悪口を言ったり、からかったりしている場合、実習生としてはどのように対応したらよいのでしょうか？

answer

児童の気持ちを思いやりながら対応することが求められますが、実習生がどのように興味をもつのか、自分にどう対応してくれるのかに興味をもっての行動なのかもしれません。

児童がなぜそのように思うのか、ときには、児童の話を確認しながら聞き、正確に理解することが必要です。その上で「嫌な思いをしたのだね」と、まず、児童の気持ちに寄り添ってみましょう。それでも揶揄する言動が続くようであれば、どのように接してほしかったのかなど、児童の気持ちを確認してあげましょう。実習生に思いを聞いてもらえたことで満足することが多いものです。

実習生が安易に肯定的な意見を述べれば、児童の担任教師への揶揄が激しくなったり、他の児童が同じような言動を起こすかもしれません。慎重な対応が必要です。

実習生が児童にかかわる時間は、担任教師に比べれば格段に短いため、学校生活での一部分しか観察・経験できていません。その上で話を聞いているということを忘れないようにしましょう。

question! 30　ケンカの仲裁方法は？

児童のケンカに対してはどのように対応したらよいでしょうか？　学年によって仲裁方法や対応の仕方で気を付けることはありますか？

answer

取っ組み合い、殴り合いのケンカであれば、すぐに止めさせなければなりません。しかし、自分たちの力で解決できるケンカには、むやみに介入しないことも必要です。

　一口に「ケンカ」と言っても、取っ組み合い、殴り合い、取り合い、言い合い、にらみ合いなど、さまざまなスタイルがあります。また、同じスタイルでも学年によって異なります。けがの恐れがない限り、ある程度は「見守る」ことも必要です。どこまで見守ったらよいのか、どのように解決したらよいかは、場数を踏まなければ判断できませんので、実習中には上手にかかわれないかもしれません。失敗を恐れずに、「ケンカをしているのが自分だったら、教師にどのように介入してほしいと感じるか」を常に頭に置いて行動しましょう。

　多くは児童だけで過ごす時間、おもに休み時間に起きます。ですから、ケンカが起きた瞬間は見ていないことも少なくありません。まずはまわりの児童から情報収集をしましょう。

　当人たちには、それぞれ言い分があります。片方だけの言い分だけでなく、双方の話を必ず聞き、中立の立場で仲裁しましょう。低学年の場合には、最後に「仲直りの握手」をして収束させることもあります。

> **question! 31** 児童と携帯電話の番号やメールアドレスを交換してもよいの？
>
> 児童に携帯電話の番号やメールアドレスを聞かれた場合、教えてよいのでしょうか？　また教えたくない場合はどのように対応したらよいでしょうか？

answer

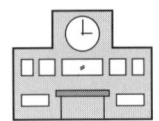

個人情報の交換は禁止です。きっぱりと断りましょう。

　近年では、小学生の携帯電話やスマートフォン保有率も高くなってきました。親しくなり、別れの時期が近づくと、児童から携帯電話の番号やメールアドレスを聞かれるかもしれません。しかし、児童との個人情報の交換は禁止です。「ごめんね、禁止されているので交換できないんだ」などと話し、断りましょう。

　実習終了後も、児童との個人的な連絡は禁止です。実習後に学級全体にあててお礼状を書くことはあっても、担当教師を介しても児童と個人的に手紙をやりとりすることは禁止です。児童と個人的に連絡を取ったとなれば、公平・公正に欠け、教師として失格ですので十分に注意しましょう。

関連Q&A　Q.86 (p.118)

Column　児童と携帯電話

　最近の携帯電話は、「通話」以外にも、便利な機能が多くあります。メールはもちろんのこと、写真撮影やインターネットに接続できるなどは、ほぼすべての携帯電話で可能です。児童が使うことを想定した携帯電話には、ＧＰＳ機能のついている機種が少なくありません。児童がどこにいるのかを保護者が確認できるので、共働きの家族の児童や、塾に通っている児童が多く利用しているようです。

question! 32 「彼氏（彼女）はいるの？」と聞かれたときはどう答えたらいい？

児童に「彼氏（彼女）はいるの？」と聞かれた場合はどのように答えたらよいでしょうか？

answer

本当のことを答える必要はありません。上手にかわすことが求められます。

　思春期を迎えている児童たちは、異性に大変興味があります。とりわけ、親しくなった異性の実習生について、いろいろなことを知りたいと思うこともあります。質問の内容がプライベートなことですから、さらっとかわしましょう。

　「教育実習中だし、これから先生になる勉強を一生懸命にしなければならないので、今はいません」「募集中です」などと答えるのが無難でしょう。

question! 33 飲食店の児童に「うちのお店に来て」と言われたときの対応の仕方は？

飲食店の児童に「うちのお店に来て」と言われたとき、土日や勤務時間外で来店したほうがよいのでしょうか？ 行かないほうがよいのでしょうか？

answer

「Q.32」と同様に、上手にかわすことが必要です。

受けもちの学級の中には、さまざまな家庭環境の児童が在籍しています。中には、自宅で飲食店を営んでいる家庭の児童がいることもあります。そのような場合、少しでも実習生と多く時間を過ごしたい、大好きな実習生に来てほしいと思い、声をかけてくる児童がいるかもしれません。

児童との個人的なつきあいは禁止ですので、「ごめんね、個人的なつきあいは学校のきまりで禁止されているので行けません」などと話して断りましょう。

Column 校外で児童や保護者に会ったときは？

学校以外で児童や保護者に出会う機会も実習中にはあるかもしれません。そのような場合には、黙って通りすぎるのではなく、会釈したり「こんにちは」とあいさつをするとよいでしょう。

実習中は緊張の連続だと思います。その日の実習が終わり、学校から帰宅すれば安心してホッとすることでしょう。しかし、学校以外でも児童にとっては"教師"です。実習中は常に"教師"であることを心がけましょう。

また校外であっても、もちろん守秘義務は厳守です。児童の個人的な話などをすることのないようにしてください。

question! 34　担当の学級以外の児童との接し方を教えて

他の学級の児童や他学年の児童とはどのように接したらよいでしょうか？
またどのようなときにかかわりがもてるのでしょうか？

answer

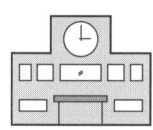

担当の学級以外の児童ともたくさんかかわりましょう。多くの学年とかかわることによって、発達や好みがわかるものです。

　教育実習は年に1〜2回、数人ずつ受け入れている学校がほとんどです。したがって、実習生が受けもたない児童が大多数です。

　児童は実習生とかかわりをもちたいと思っていることが多いようですから、多くの学級、学年の児童と積極的に交流しましょう。

　他の学級の児童とは、休み時間や放課後などにかかわるとよいでしょう。また、高学年などとは、委員会活動、クラブ活動、児童会活動などでかかわる機会があるかもしれません。そのような機会を見つけ、他学年の児童とも積極的にかかわるようにしましょう。

　全校朝会での自己紹介で、自分の趣味や興味のあることを話すと、児童が話しかけてくれるきっかけがつくれます。たとえば、「フットサルに興味があります」などと言えば、フットサルに興味をもっている児童や競技している児童が声をかけてくれることがあります。

　たくさんの児童とのかかわりの中で、人間関係を深めながら、1年生から6年生までの発達段階を知る貴重な機会にもなります。低学年とかかわるときには、児童の目線（しゃがむなど）で話しかけるなどの工夫をすると、より親近感をもってくれることでしょう。

> **question! 35** 配慮の必要な児童や障がいのある児童と接するときの注意点は？
>
> 小学校ではどのような発達障がいのある配慮が必要な児童がいるのでしょうか？　また、具体的にどのようなことに気を付けて接すればよいのでしょうか？

answer

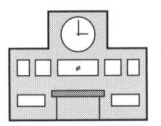

障がい名の有無にとらわれず、児童の特徴を理解してかかわりましょう。

　一般に配慮の必要な児童は、ＬＤ、ＡＤＨＤ、アスペルガー症候群、自閉症など発達障がいの診断名がついている場合と、ついてはいないが発達障がいが疑われる場合とが考えられます。たとえ診断名がついていたとしても、発達障がいの診断は医師によって異なることが多いため、支援の方向性をきめるためのものであると考えましょう。ですから、診断名や診断の有無にとらわれるのではなく、児童の困っている様子をよく観察してかかわるようにしましょう。

　身体機能の困難については一目でわかるため、「できないから大変」とたいていは理解してもらえますが、発達障がいの特徴であるコミュニケーションの障がいやこだわりは「そのように考えてはいけない」「そのようなことにこだわらないほうがいい」などと思われることが少なくありません。「見えにくい障がい」は、「見える障がい」以上に理解してもらえず、児童のストレスも強いです。「わがまま」「トラブルを起こしやすい子」と処理するのではなく、根気よくかかわることが必要です。

　①絵カードや文字カードなどを利用して、視覚的にわかりやすくする、②短くわかりやすい文章で話す、③肯定文で話す（「〜してはいけない」ではなく「〜します」）などの方法でかかわるのも一手です。

関連Q&A　Q.62（p.90）

question! 36 発達障がいの児童がパニックを起こしたときの対応は？

発達などの障がいのある児童がパニック（その他の発作）を起こしたとき、まずどのように対応すべきなのでしょうか？

answer

何かの拍子でスイッチが入ると大声で泣き叫び、ひっくり返って暴れたり、物を投げたりすることがあります。このようなパニックには、必ず原因があります。

　パニックとは、一般に、思うようにコントロールがきかないという、かかわる上でより困難性が強い状況をいいます。その背景には、強い不安、恐怖、あるいは戸惑いや葛藤などがあります。パニックには、原因を素早く見極めての対応が必要です。

　以下に、パニックを起こしやすい原因の一例をあげますので、参考にしましょう。パニックを起こさないためには原因を探し、未然に防ぐことが大切です。

- 文房具など物を取り合いしたとき
- 鬼ごっこなどの遊びで負けたとき
- 何かをするときに順番が1番ではなかったとき
- そのときに行っていたことが、自分の納得のいくまでできなかったり、頭ごなしに否定されたとき
- いつもとは違う手順や時程（時間割）を提示されたとき
- 苦手な課題、新しい課題を行うとき
- 予期しない大きな音や人の声が聞こえたとき

🌿 パニックを起こしやすい原因の一例 🌿

question! 37 いじめや虐待の疑いを発見したときは？

いじめられている児童を発見したときにはどのように対応していったらよいでしょうか？ また、虐待が疑われる児童を発見したときの対応も教えてください。

answer

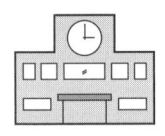

いずれの場合も指導担当教員に報告する必要があります。虐待に関しては、決定的な証拠の有無にかかわらず、児童相談所または警察等に通告する義務が児童福祉法で規定されています。

いじめや虐待には、迅速に対応することが求められます。

いじめには「発見しやすいいじめ」と「発見しにくいいじめ」とがあります。「発見しやすいいじめ」は、金銭の強要や傷害を加える暴行などの非行を含む問題行動によるいじめです。「発見しにくいいじめ」は、遊び（プロレスごっこ、鬼ごっこなど）、からかい、いたずら、無視、ふざけなど、行動として識別しにくいいじめです。

児童の虐待は、近年ますます問題になっています。児童相談所への相談件数も年々増加し、児童福祉法も、児童相談所の権限を強めた法律に変わりました。

児童虐待防止法では、虐待は、

　　①身体的虐待
　　②性的虐待
　　③ネグレクト
　　④心理的虐待

の4つであるとしています。

たとえば、低学年女児の髪の分け目がゆがんで結ばれている、何日も同じ洋服を着用している、給食時に何度もおかわりをするなどの姿が見られる場合には、虐待が疑われます。

また友達の悪口をネットに書き込む「裏サイト」などは、携帯電話で行われていることが多いようです。何気ない一言で傷つく人もいるということを伝えることが必要です。
　いずれの発見の場合も、指導担当教員に速やかに報告し、1日も早く救済措置が講じられるようにしましょう。

Column　児童相談所・一時保護施設（一時保護所）

　児童相談所は、児童福祉に関するあらゆる問題の相談に応じる児童福祉の行政機関です。児童福祉法第15条に基づき、一人一人の児童やその家庭にもっとも効果的な処遇を行い、その権利を保護することを目的としています。都道府県および政令指定都市には必ず設置することが義務づけられ、基本的な機能は、相談、判定、指導、措置と一時保護です。

　「一時保護」とは、必要に応じて児童を家庭から離して、一時的に保護する機能のことです。一時保護施設（一時保護所）は、児童相談所内にある、子どもを一時的に保護して生活等の指導を行うところです。近年の入所理由でもっとも多いのが、育児放棄（ネグレクト）や身体的・精神的な虐待です。この他には、保護者の服役、短期間の生活指導および心理判定が必要なケースなどがあります。

　入所児童は、一時保護を受けている間は原則的に外出できないので、地域の学校へは通学できません。そのため、指導員や保育士をはじめとする職員が、保護施設内で学習指導も行っています。

　児童福祉法では、継続の必要がある場合を除いて、一時保護は2か月を超えてはならないとされています。しかし、近年では、児童養護施設への受け入れがスムーズにいかず、長期にわたって保護される子どもや、何度も入所するケースが増加しています。

参考：民秋言他編著『施設実習』北大路書房、2009

question! 38 差別的な言動やセクシュアルハラスメントになる言動を教えて

児童に対して、差別的ととらえられるような言動はどのようなことでしょうか？　またセクシュアルハラスメントを疑われるような言動についても教えてください。

answer

セクシュアルハラスメントに当たるか否かについては、相手方の判断が重要です。また、相手からいつも意思表示があるとは限りません。

セクシュアルハラスメントになり得る言動として、次のようなものがあります。

- 掃除を怠けていた女子児童に対して「女の子のくせにきちんとしなさい」と叱る。
- 泣いている男子児童に「そんなに泣いていると女々しいぞ」と叱る。
- 「子どものくせに」などと発言する。
- 指導の際、必要がないのに肩や背中に触れ、児童に不快感を与える。
- 女子であることで、掃除をさせたり雑用を強要する。
- クラブ活動の指導の際、部員に対してマッサージと称して身体を触る。

セクシュアルハラスメントは、大人と児童という関係のもと、児童は拒否しがたく、逃れられない状況のもとで発生することが少なくありません。児童の心に深い傷を与え、その後の成長に大きな影響を与えることになり、個人としての尊厳や人権を侵害するものです。自らの言動がセクハラであることに気付いていない場合が多いですので、日ごろから自分の言動には十分に注意しましょう。

question! 39 特定の児童ばかりがかかわってきてしまう場合の対応は？

休み時間や給食の場面で、いつも特定の（グループの）児童ばかりが、「先生、一緒に遊ぼう」「一緒に給食を食べよう」と声をかけてくるときはどのように対応したらよいでしょうか？

answer

声をかけてくれることに感謝しながら、多くの児童とかかわりたいことを伝えましょう。

児童は、大好きな実習生と少しでも多くかかわりたいと思っています。そのため、積極的な児童はどんどん声をかけてきます。しかし、声をかけてこない児童の中にも、実習生とかかわりたいと思っている場合が少なくありません。

休み時間や給食でのかかわりは、できる限り担当の学級全員とかかわれるようにしましょう。何度も声をかけてくれる児童には「声をかけてくれてありがとう」とお礼をいって、その上で「学級のみんなとお友達になりたいから、次は○○さんたちのグループと遊ぶね」などと話しましょう。

教職員や保護者等とのかかわりの中で

実習中のQ&A

question 40	初日は先生方にどんなあいさつをするの？
question 41	指導担当教員以外の教職員の先生方とは どうかかわればよいの？
question 42	保護者に児童のことを聞かれたら？
question 43	教職員や保護者に飲み会に誘われたら？
question 44	保護者の前で話すことになったら？
question 45	担任教師と意見が合わなかったら？
question 46	教師によってアドバイスが違ったら？
question 47	保護者と話が合わなかったら？
question 48	職員室ではどう過ごすの？

question! 40 初日は先生方にどんなあいさつをするの？

実習の初日に学校にいったとき、指導担当教員やそれ以外の教職員の方にはどんなあいさつをするものなのか具体的に教えてください。

answer

初めてのあいさつは、はっきりと、大きな声で、自分の名前、所属、自分のプロフィール（奇をてらったものはだめ）を。でも、時間には気を付けて。

　実習生にとっては、先生方へのあいさつは、児童へのあいさつより緊張します。しかも、何を言ったらよいのかわからないのが本音だと思います。でも、先生方へのあいさつは安心してください。先生方は大人ですから多少の失敗は気にせずに、心を込めて元気よく話してみてください。

　先生方へのあいさつは、それほど長い時間ではないと思いますので、手短に話をすることも大切だと思います。ですから、児童のときとは違って、メモをつくっておくのもよい方法かもしれません。

　元気に、明るく、ほほえみながら気持ちを込めて話しましょう。緊張のあまり声が小さくなることが多々あります。教師は児童の前で話をすることが大切な仕事です。日ごろから、声を出す練習をしておきましょう。

　それから、始めのあいさつでは「はじめまして」、最後に「よろしくお願いします」を忘れずに。案外、緊張のあまり忘れてしまいますので。

①自分の名前
②大学名と学年（できれば専攻も）
③出身地（出身地の特徴も）
④自分の趣味（スポーツなど）や興味（タレントはやめておいたほうがよいでしょう）
⑤将来の希望（こんな先生になりたいや、そのために勉強したいことなど）
などを許す限りの時間で話そう。

🍃 教職員へのあいさつの内容 🍃

関連Q&A　Q.18 (p.33)
　　　　　Q.93 (p.129)

> **question! 41** 指導担当教員以外の教職員の先生方とはどうかかわればよいの？
>
> 実習中に指導担当教員以外の先生とはどんなかかわりがありますか。そのときはどんな対応をしたらよいですか。

answer

誰にでもあいさつをするのは当然のことです。廊下などでは、軽く会釈を。授業などをした後でしたら、感想を聞くのも一つです。でも、無理して話しかけなくてもよいでしょう。

朝は「おはようございます」、帰るときは「お先に失礼します」と、必ず忘れずにあいさつをしましょう。また、廊下などでは軽く会釈も忘れずに。

もし、先生から話しかけられたら、実習の感想や児童の様子から感じたことなどを簡潔に答えましょう。とくに、校長先生や副校長・教頭先生から声をかけられたときは、必ず答えましょう。もちろん、話しかけられた場所によってですが、基本は手短に答えましょう。

指導担当教員には、あいさつをしたり、雑談をしたりと実習の当日から話す機会が多いので、心も通いやすいと思います。でも、それ以外の教師となると、なかなか話す機会もなく、距離ができてしまいます。その他の教職員も、実習生をしっかり見ています。だからといって、緊張することはありません。毎日、自分から、元気に、ほほえみを忘れずにあいさつを

してください。

　あいさつですが、とくに忘れがちなのが、「職員」の方々です。学校は、教員ばかりではなく、事務職員や用務主事、給食調理の職員等たくさんの人で成り立っています。ですから、そのような人たちにも、あいさつをすることを忘れないように注意しましょう。初めてのとき、事務室や用務主事の部屋、給食室などにもあいさつを忘れないように。それから近年、学校の安全性から警備員がいる場合がありますので、あいさつを忘れずに。

　ところで、実習生は、ふだんからあいさつをしていません。通っている学校等で、教わっている先生や顔見知りの先生に、あいさつや会釈をしていますか？　多くの学生は、あまり気に止めず通り過ぎていると思います。その行動が実習中に、必ず出ますので要注意！

Column 「会釈」と「礼」との違いを知っていますか？

　「会釈」と「礼」の違いを知らない学生がほとんどだと思います。そこで、立礼（起立して敬礼すること）について説明をします。

会釈礼……会釈のことで、部屋に入るときや主に廊下ですれ違うときなどに用いる軽いあいさつです。目は1m先の床の面を見て、手は太もものにおき、上体を15度くらい腰から曲げます。

敬礼・中礼……ごく普通に使われる礼で、知人への立ち止まってのあいさつ、来客へのあいさつ、会議室への出入りなどで使用します。手は太ももの中くらいにおき、上体は30度ほど曲げます。なお、この礼を「敬愛礼」とよび、上体を45度ほど曲げる場合もあります。

最敬礼……初対面のあいさつのように深い敬意を表すあいさつ、非常に重要な相手（取引先の代表者など）へのあいさつ、重要な依頼や謝罪をするとき、また冠婚葬祭の場などで使用し、両手には荷物を持ちません。手は太ももの中くらいにおき、上体を45度ほど曲げます。さらに、天皇陛下の御前でするなど、もっともていねいなあいさつでは、手が膝頭を包み、上体を90度くらいまで倒します。なお、この礼を「尊敬礼」とよび、手が膝頭の上までくるように、上体を75度くらいまで曲げる場合もあります。この場合の「最敬礼」は、上体を90度まで倒す礼をいいます。

　このように「礼」には3種ありますが、基本的には、「敬礼」が普通の礼で、30～45度ぐらい上体を曲げます。

question! 42 保護者に児童のことを聞かれたら？

保護者に児童の様子を聞かれたら、実習生としてどこまで答えていいものですか。守秘義務との関係など、聞かれたことにどこまで答えてよいものか教えてください。

answer

実習生は保護者の対応はしません。どうしてもの場合には当たり障りのない応対で、基本は「担任の先生に聞いてください」です。「守秘義務があります」やだんまりは厳禁です。

　実習生は保護者との対応はしません。しかしながら、保護者は、学校での自分の子どもの様子や勉強、教師にどのように見られているのかなど、とにかくさまざまな情報を知りたがっています。ですから、機会があるごとに質問されると思います。

　保護者と話をする場合、担任教師もかなり気をつかいます。というのは、当たり前のことですが保護者はみな違うからです。教師が言ったことをプラスにとる保護者もいれば、マイナスにとる保護者もいるからです。また、保護者は、話を誘導したりすることがあります。実習生には、そこの配慮がむずかしいと思います。ですから、保護者の質問に対しては、「元気にしてました」や「がんばってました」などという当たり障りのない対応をし、さらにたずねてくるようでしたら、「担任の先生におたずねください」と答えるのがよいと思います。また、自分以外の子どものことをたずねてくる保

護者もいると思いますが、そのときも「担任の先生にたずねてください」と答えるのがよいと思います。保護者との話をする際も、ほほえみを忘れずに話しましょう。拒絶の態度やしかめ面、だんまりは厳禁です。

特別支援の対象の児童の保護者や学級で気になる児童の保護者などから質問もあると思います。そのときは、どこまで話をしてよいのか、担任教師と打ち合わせをしておきましょう。

実習生は、学校内で知ったことは基本的には話をしないという「守秘義務」がありますので、いつも忘れないでほしいと思います。ですから、保護者との対応も、担任教師と前もって打ち合わせておくとよいでしょう。

Column 守秘義務と個人情報保護法、これってなあに？

守秘義務とは、公務員、弁護士、医師、歯科医師、薬剤師、教師、宗教者など、その職業上知りえた秘密を守らなければならない義務のことで、正当な理由なく漏らしてはいけません。したがって、公務員や教師などは勤務時間外でも、休職、停職、休暇中でも守秘義務を負いますし、さらに退職後も同様です。

「個人情報の保護に関する法律（個人情報保護法）」ですが、個人情報を守るために、平成15年5月に制定された法律です。それを受けて文部科学省は「学校における生徒等に関する個人情報の適正な取扱いを確保するために事業者が講ずべき措置に関する指針」を平成16年11月に定め、学校の児童生徒の個人情報の保護に努めています。

このように、現在では、児童生徒に関する情報は、厳しく管理されています。ですから、実習生も、この守秘義務を守らなければなりませんし、個人情報の保護に気を付けるのも義務です。実習中のことをブログやソーシャルネットワークサービス（ミクシィなど）に書くのは、守秘義務違反になる可能性がありますので、記載しないように。さらに、友達と実習での話をする場合でも、公共の前ではしないようにしましょう。どこで、関係者が聞いているかわかりませんので。

ところで、この「個人情報保護法」の解釈に関しては、行き過ぎが言われるようになってきています。というのも、開示可能な情報まで、この法律に反するからと開示しなくなってきているからです。過ぎたるは及ばざるがごとしですね。

question! 43 教職員や保護者に飲み会に誘われたら？

教職員や保護者の方が飲み会に誘ってくれました。気軽に参加してよいものなのでしょうか。

answer

教職員の方のお誘いは、時間が許せば参加してもよいと思います。保護者のお誘いは、どんなことがあってもお断りをしましょう。

　実習中に、飲み会などに誘われることがあります。そんなとき、断ったら悪く思われるかもしれないし、参加するのも……と悩むと思います。

　参加の基本は、歓迎会やお別れ会などの公的な会は必ず出席です。というのも、このような会は、わざわざ実習生のために開いてくれる会ですので、よほどの用事がない限りは出席してください。

　その次に重要なのが、運動会の後のご苦労さん会など各学校で開く定期的な会です。これも誘われましたら、基本的には出席してください。ただし、研究授業の準備があるときなどは、断ってもかまいません。

　もっとも困るのが個人的に誘われたときだと思います。指導担当教員や校長先生・副校長先生・教頭先生に誘われたら、参加してもよいと思います。それ以外の同僚の先生は、指導担当教員に意見をたずねてきめるとよいと思います。保護者のお誘いは、必ず断ってください。

　そうは言っても飲み会などに誘われたときの対応は考えてしまいます。わからないときは指導担当教員に相談をし、その指示に従ってください。

　ところで、飲み会などに出席をしたときに気を付けてほしいのは、お酒が飲めない人です。前もって幹事にその旨を必ず伝えておきましょう。また、お酒を注がれるときもその旨をやわらかく伝えましょう。2次会・3次会は、各自の責任で出欠し、くれぐれも、次の日は遅刻のないように。

question! 44 保護者の前で話すことになったら？

先生に保護者の前で話すようにいわれました。どんなことを話したらよいでしょうか。そのための準備などはありますか。

answer

話す内容は、話す会の主旨や自己紹介程度の内容でよいのか、話すようにいわれた先生に必ず聞いてください。というのも、それによって、内容や準備が異なるからです。

最初に、話すように頼まれた先生に、話す内容や話す会、時間などを確認してください。そうでないと、何を話したらよいのか、どのように準備をしたらよいのかがわからないからです。

自己紹介的な内容でしたら、Q.40（p.59）の先生に話をするときと同じように、①自分の名前、②大学名と学年（できれば専攻も）、③出身地（出身地の特徴も）、④自分の趣味（スポーツなど）や興味（保護者での話でしたらタレントはよいかもしれません）、⑤将来の希望（こんな先生になりたいとか、そのために勉強したいことなど）などを許す限りの時間で話しましょう。

それ以外でしたら、④⑤を具体的に話をしたり、教育実習で感じたこと、もちろん児童が元気だとか明るいなどの肯定的なこと、さらに自分の子ども時代との比較などを話したらどうでしょうか。ただし、児童のことを話す場合には、児童の個人名や個人が特定できる話にならないように注意をしてください。

準備は内容によって必要になるかもしれません。簡単なスピーチでも、話す順番や内容くらいのメモはつくっておきましょう。メモがないと保護者の前に立ったら、緊張のあまり忘れてしまうことが多々あるからです。

もちろん、話をするときには、どんなときでも、元気に明るく、そしてほほえみを忘れずにです。

関連Q&A　Q.40 (p.59)

question! 45 担任教師と意見が合わなかったら？

担任教師と意見が合わずにちょっとした言い合いになってしまいました。児童の対応や教育方針などで考え方や感じ方が違ったとき、どうしたらうまくいくのか教えてください。

answer

基本は、実習生であることを忘れずに。実習生は、担任教師やその他の教師に学校での教師の日常や役割を実際に教わる立場です。ですから、意見の違いは違いとしてください。

教育というのは、さまざまな考え方があります。これが正解であるということは絶対にありません。大学の先生や現場の先生には「これこそが教育」であるという先生がいますが、もし、そのような先生と大学などで出会ったらどうしますか？

それはさておき、担任教師と児童の対応や教育方針などで考え方や感じ方が違ったときの基本は、実習生は、あくまでも教わっている立場、研修中の立場であるということです。実習生は、車の免許の取得でいえば、仮免許をもらう前といえます。ですから、まだまだ一人前、いや半人前ともいえません。

実習へ行くまでに、通っている学校で、教育原理や教科教育などの授業や演習を受けています。しかしながら、あくまでも狭い範囲の中での勉強ですし、断片的な知識でしかありません。教育現場は、日々児童の様子は異なっていますし、動いています。担任教師を初めとした先生方は、そのような児童たちと向き合っています。ある教育学者は「授業は生き物」であるといっています。さらに、学校は、一つの社会ですし、制度です。文部科学省を頂点とした組織なのです。教師は、その中に組み込まれている組織の人間でもあります。ですから、担任教師の意見を尊重してください。そして、なぜ、そのような違いが生じたのかは、実習が終了してか

ら、通っている学校へ帰ってからじっくりと考えてみてください。

　実習生は、あくまでも、教わる立場ということを忘れないように。

Column　避難訓練 ② ―「お・か・し・も」

　避難訓練については、前述のコラム「避難訓練」(p.19) でも説明しましたが、学校では避難時の心構えを、
- おさない
- かけない
- しゃべらない
- もどらない

の頭文字をとった「おかしも」などとまとめた標語がつくられており、慎重な行動をするようにしています。これらの標語は地域や学校により多少異なっていますが、基本的には焦らず、冷静に行動・判断を促すよう教えています。

question! 46　教師によってアドバイスが違ったら？

指導担当教員から受けたアドバイスと他の教師から受けたアドバイスが違って対応に困っています。自分で判断してしまってよいものですか。また、それぞれの教師へどんな対応をしたらよいですか。

answer

基本は、指導担当教員のアドバイスに従ってください。もちろん、他の教師のアドバイスは無視をするのではなく、できるところは取り入れてもよいと思います。

　これも実習生には、困ることです。どの教師も、決して悪意でアドバイスをしているのではないからです。ところで、実習中の基本は、①指導担当教員のアドバイスに従うこと、②わからないことは指導担当教員に聞くことですから、指導担当教員のアドバイスを重視してください。

　実習生自身がどちらも一理あると考えた場合は、指導担当教員からのアドバイスをメインに、その他の教師のアドバイスを加えるという方法をとったらどうでしょうか。たとえば、指導案へのアドバイスでしたら、「先生のアドバイスを入れてこう変えました」と修正した指導案を指導担当教員へ提出をし、そのときに口頭で「でも、ここはこうしてみたらどうでしょうか」と、指導担当教員以外のアドバイスを入れた意見を述べてみたらどうでしょうか。指導担当教員が、「いやそのままでよい」と言えばそのままで、「そうだね、そっちのほうがよいかな」と言えば、再度直せばよいのではないでしょうか。校長先生や副校長先生・教頭先生からのアドバイスの場合は、指導担当教員に「こうおっしゃられたのですが、どうしたらよいでしょうか」とたずねて指導を仰ぎましょう。指導担当教員のアドバイスを重視しますが、他の教師からのアドバイスに対しては「ご指導ありがとうございました」などと、後日必ずお礼を忘れずに言いましょう。

question! 47　保護者と話が合わなかったら？

保護者の方と話をする機会があったのですが、うまく意思疎通ができません。どうすれば会話が上手にできるのでしょうか。

answer

保護者ばかりでなく人と意思疎通ができない根本は、「人の話を聴いていない」からです。まずは、じっくり人の話を傾聴することです。

　最近の学生は、人との会話やコミュニケーション能力が低いといわれています。会話が上手になる基本は、じっくり人の話を「傾聴」することです。しかし、この聴くことはなかなかできません。それは、①嫌だと思うと嫌になってしまうこと、②先入観や偏見、③性別・年齢・職業等の社会的な地位や役割・容姿・服装等の容貌や外観などから判断を下しそれに固執してしまうことなどがあるからです。さらに、最近の若い人の特徴であるメールならうまく話せるという傾向も拍車をかけているようです。

　さまざまな人から「あの保護者は…」といわれ、保護者と会った第一印象などから「あの人は、こうだ」ときめつけてしまい、保護者を知らないうちに①〜③のような態度で見てしまうため、保護者と話が合わないということになるのではないのでしょうか。ですから、そのようなことを解消するためにも、「聴く」ようにしましょう。

　聴くことができるようにするためには、「ここまでのお話は、○○のことでよろしいでしょうか」と話が切れたときに確認をしたり、許可を得てメモをとるのも一つです。聴くには、その人の話を聴こうという積極的な姿勢や、いい加減な気持ちではなく話を聴こうという姿勢を自分の中につくり上げることが大切です。ところで、なぜ「聞く」ではなく「聴く」なのでしょうか。1度辞書を引いてみてください。

question! 48 職員室ではどう過ごすの？

実習中は職員室で過ごすことが多いのでしょうか？ 職員室ではどう過ごせばよいか、また、お茶出しや掃除などもしたほうがよいのか、教えてください。

answer

実習中は、職員室よりも担当した学級で過ごすことが多いですが、朝は、職員朝会が必ず職員室でありますので出席をします。できれば、朝のお茶出しのお手伝いをしましょう。

職員室は、いくつになっても嫌なもので、入りにくいのもわかります。でも、実習中は担当した学級で過ごすことが多く、基本的には実習生の部屋で過ごしますが、この実習生の部屋がない場合には教室で過ごします。ただし、学校によっては、職員室に実習生の机がある場合もあります。また、職員朝会があるときにはそれに出席をしなければなりませんので、職員朝会に遅れないように職員室にいってください。ですから、遅くとも30分ぐらい前には学校に着くように心がけてください。

朝は職員室にいますので、教師で朝のお茶出しの当番がある学校でしたら、お手伝いはかならずしましょう。

職員室で過ごさなければならないときには、
　①実習生同士で固まって私語ばかりしないこと
　②携帯電話は絶対にいじらないこと
などに注意をしてください。職員室では、絶対に居眠りはしないことはいうまでもありません。

また、その時間を利用して、
　①教材研究をして過ごすこと
　②日誌などを書くこと
などで時間を費やしてください。

実習生は、教師でもありますが、職員室内では、教師と同じように振る

舞う必要はありません。また、職員室に実習生しかいない状態にならないように学校側では配慮をするはずですので、職員室では、実習生として振る舞ってください。ただ、基本的には実習生といえども教師ですので、外から見られても恥ずかしくないような姿で過ごしてください。

　ところで、職員朝会や職員室でのお手伝い、職員室での過ごし方などわからないことは、必ず指導担当教員にたずねてください。わからないことは指導担当教員へ、そして指導担当教員の指示に従ってください。

> **Column　ふだんの態度、大丈夫ですか？**
>
> 　①目上の人に会ってもあいさつをしない
> 　②携帯電話やデジタルオーディオプレイヤーを聞きながら歩いている
> 　③研究室などをたずねるときノックをしない
> 　④授業中、先生に背を向けて話をする
> 　⑤授業での話をメモしない
> 　⑥歩きタバコや喫煙所以外で喫煙をする
> 　⑦先生と話をするときに友達との言葉で話す
> 　⑧汚い言葉で話す
> 　⑨室内で帽子をかぶっている
> 　⑩コートを脱がないで教室や研究室などに入ってくる
> 　⑪遅刻をしても、平気で席に着く
> 　⑫自分だけが聞いていないことを「話されていない」と平気で言う
> など、ふだんからこんな行動をしていませんか？　ここにあげた行動は、すべて実習では厳禁の行動です。今から、直すようにしましょう。

毎日の授業の中で

実習中のQ&A

question 49	参観授業ではどこに気を付けて見ればよい？
question 50	授業を行う上できめておくルールはある？
question 51	授業での話し方や言葉づかいのポイントは？
question 52	集中して授業を聞いてくれるポイントは？
question 53	うるさくて授業に入れない、どうしたら？
question 54	指名する児童はどうやってきめるとよい？
question 55	予想外の応答や誰も手を上げないとき、どうしたら？
question 56	板書計画はどう立てたらよい？
question 57	板書のタイミングを教えて
question 58	板書の間違いを児童に指摘されたら？
question 59	「わからない」「つまらない」と言われたら？
question 60	授業に集中していない児童への注意の仕方は？
question 61	忘れ物をしてきた児童への対応は？
question 62	ＬＤ（学習障がい）の児童への対応は？
question 63	机間指導では何を指導したら？
question 64	グループ学習の際の注意点は？
question 65	ワークシートの作成や活用の仕方は？
question 66	個別の作業で早い児童、遅い児童など差が生じてしまった場合は？
question 67	時間内に授業が終わらない！　どうしたら？
question 68	学習指導案通りに授業が進まないときは？
question 69	授業にＩＣＴはどのように取り入れたら？
question 70	児童の回答は一つにまとめるべき？
question 71	国語の授業で教材の"読み"は教師から？　児童から？
question 72	国語の授業の発問はどのように行えばよい？
question 73	簡単な授業内容で45分をどうやってもたせる？
question 74	理科の実験で事故が起こらないようにするためには？
question 75	体育の授業を行う際の教師の立ち位置は？
question 76	プール授業での留意点は？

question! 49 参観授業ではどこに気を付けて見ればよい？

参観授業の際は、教室のどのあたりで見ればよいでしょうか？ また、参観の際には、何に一番気を付けて見るとよいでしょうか？

answer

授業をする上で、どんな情報があればよいかを考えます。そのためには、その学級がもっている雰囲気・文化（学級風土）をとらえておくことが大事です。

ぼんやり見ていても何も見えません。何を見るか、明確に意識することです。実習が始まって約1週間は、授業参観が中心になります。この期間に何を見ておくかで、その後の実習に差が出ます。

❋ その学級がもっている雰囲気・文化（学級風土）を見る

自分の配属された学級の特徴を知ることは、授業を進める上で重要です。次の点に注意して見ます。授業ごとに違う姿を見せることもあります。

- よく発言するなど活躍する児童、比較的引っ込み思案の児童は？
- グループ学習でのリーダー的存在の児童は？
- 担任教師のどんな行動に反応するか？（学級が盛り上がるとき、低調なとき）

❋ 教師の指導技術と児童の様子を見る

教師の行動にはすべて目的（意味）があります。どんな目的（意味）かを推測しながら見ます。技術だけ見てまねても意味はありません。

- 机間指導で、担任教師の立ち止まりが長いのはどの児童か？
- どのような場面（導入時、問題の難易度など）で誰に指名しているか？
- 授業の進め方（たとえば、国語では指名読み、範読をどこでするか。授業のまとめはどのようにしているか）は？
- 考える時間のとり方（児童のノートのとらせ方も含め）は？

question! 50 授業を行う上できめておくルールはある？

実際に授業をさせていただく前に、事前にきめておくルールなどはあるのでしょうか？ またスムーズに授業を進めるためのコツなどはありますか？

answer

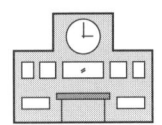

まず、じっくりと自分が担当した学級の授業を観察し、どんな学習ルールがあるか、それはどんなねらいをもったものかをとらえておきましょう。

自分が担当した学級には、どんな学習ルール（教師と児童の間で学習上の取りきめ）があるかを授業観察の間に確認しておきましょう。

たとえば、右のような点を観察しておきましょう。

観察していても見えにくい、とらえにくい学習ルールもあります。そんなときは、担任教師に率直に聞くことです。たとえば、「グループ学習をするときには、どんなことを配慮して編成すればよいですか？」と。

- 名前の呼び方
- 指名の仕方
- 授業の始め方、終わり方
- 教科書の読ませ方（教科によって、学習目標によって違う場合もあります）
- グループのつくり方
- ノートのとり方　など

確認しておきたい学習ルール

たぶん、担任教師から、グループ学習では、「リーダーシップを養う、その役を順番にさせています」というように教えてくれるはずです。

自分はこんなルールで指導したいと考えても、それまでに学級でつくられている学習ルールを変えたりしては児童が戸惑います。それでは、授業はスムーズに進みません。授業の目標から、この学習ルールを取り入れたいと考えたときは、学習指導案を立てる段階で担任教師に相談することが大切です。また、そのルールを取り入れる場合には、なぜその学習ルールが必要かを児童に納得してもらう説明も必要です。

question! 51 授業での話し方や言葉づかいのポイントは？

授業を行う際の児童への話し方はどのような言葉づかいで話したらよいでしょうか？ 児童に伝わりやすい話し方のポイントはありますか？

answer

教師の話し方は児童にとっての教材です。児童は、教師の技術的な話し方を学ぶだけでなく、話すことは心を伝えることであることを学びます。

　教師の話し方、言葉づかいは、児童にとって重要な教材だという自覚と姿勢をもつことが重要です。そのためには、まず、一人一人の児童へ「声を届ける」という意識で話すことです。話すとは、単に伝えることではありません。心を伝えるということでもあります。

　具体的には、次のことに注意してください。

- 話す内容が、児童の学習・発達に意義あるものか？
- 明瞭な発音、声の大きさ、スピードに注意しているか？
- 聞き手に混乱を招くような話の順序になっていないか？
- 学年の発達段階を考慮し、音声として理解しにくい言葉を使っていないか？（たとえば、同音異義語など）
- 同じ語の繰り返しや無駄な言葉が入っていないか？
- 教師の話す内容が、児童に自分の生活との接点を感じられるように話しているか？

　教科書を読んだとき、「上手に読めました」などとほめたり、「どうもありがとう」などと言う実習生がいます。お礼ではなく、「〜のところが、とても心が込められていたね」と、よいところを具体的にほめることが大切です。

question! 52 集中して授業を聞いてくれるポイントは？

児童が集中して授業を聞いてくれるポイントはありますか？ また授業内容が途切れないようにするための配慮点などあれば教えてください。

answer

この問題は、小手先の技術で解決できるものではありません。下の5点を学習指導案を立案するときにどのように入れ込むかを考えてみることです。

この問題を考えるためには、あなたの今までの大学での授業体験を思い出してください。単位を取ることだけを目的にして授業を受けても集中していなかったことも多かったはずです。あなたは、どんなときに授業に集中しましたか？

あなたが集中したのと同じ要因を授業の中に見出したとき、児童もまた集中してくれます。本質的には、児童も変わらないということです。

それは、おおよそ次のようなことが授業に備わっているときでしょう。

🍃 授業において大切な5つの要素 🍃

必要感	「学習の意味理解」とも言えます。この学習をすることで、自分にはどんな力がつくのか、それはこれからも有効に使えるものか、ということが理解できたとき学習意欲が喚起されます。
親近性	「必要感」とも関係しますが、学習問題が自分の日常生活と接点があると認められたとき学ぶ意欲が生まれます。
適度な難度	やさしすぎてもむずかしすぎてもだめ。「少しむずかしいが、これなら考えられそうだぞ」というレベルの学習課題のとき集中します。
葛藤場面	「この問題は自分の問題だ」として認識できたとき考えようとします。
達成感への予測	これをやると自分にとって意味があり、やれそうだと思い、できたときの自分の姿が思い浮かぶようにすることです。

関連Q&A　Q.53 (p.77)
　　　　　Q.60 (p.88)

question! 53 うるさくて授業に入れない、どうしたら？

授業を始めるときの導入のポイントはありますか？ うるさくて授業に入れない場合はどのように対応するとよいでしょうか？

answer

原因を考えてみましょう。休み時間や前時の体育のゲームなどの興奮に原因がある場合には、「授業始めますよ」などと大声を出さず、下のような対応や言葉かけなどをします。

まず、原因を考えてみましょう。
① 学習への取り組み姿勢ができていない。
② 授業前に児童同士のケンカなどがあって。
③ 前時、体育などの授業で興奮した余韻があって。
④ 導入段階に問題がある場合。

実習のとき、①が原因であることはほとんどありません。担任教師の学級経営で学習に取り組む姿勢がつくられています。しかし、それまでの担任教師の授業と違って、実習生の授業が一つの正解を見つけるだけの形式的で、授業者の熱意が感じられず、知的興奮のない授業が続いたことが原因になることがあります。そうならない授業を心がけねばなりません。

②は、授業に入る前に、ケンカの解決を図っておかねばなりません。③は、児童の様子を見ながら、放っておいてもおさまる興奮であれば、「算数の授業が始まります。準備をしましょう」と指示し、机の上など学習できる準備に少し時間をかけます。おさまりにくいなと判断されたときは、「深呼吸して、心を落ち着かせましょう」「両手をあげて、ぐっとのびをしてごらん」など、落ち着かせる手立てをとります。④は、本時の内容とかかわりのないことで興味を引くと、導入の後、騒がしくなります。

関連Q&A　Q.52 (p.76)
　　　　　Q.60 (p.88)

question! 54 指名する児童はどうやってきめるとよい？

授業中、発問に対する児童への指名は、誰に指名するのがよいのでしょうか？ また指名した児童が答えられない場合はどうしたらよいでしょうか？

answer

指名は行き当たりばったりでするものではありません。児童個々の事情を配慮し、学習展開を考えて指名をします。指名するときの要点を説明します。

発問して、手が上がった児童にすぐ指名してはいけません。児童が考える時間をとる必要もありますし、教師も次のことを考えます。

❋ 児童個々の事情を配慮して指名を行うために

- おしゃべりなどで授業に集中できない子に
  - →「Aさん、こっち向いて」と注意するのではなく、「Aさん、今、Bさんが……という意見を言ってくれたけど、あなたはどう考えますか？」と、授業に心を向けさせます。
- 前時の学習でつまずいていた子に
  - →前時の学習を確認するような発問をして、指名します。
- 発言することに自信がない子に
  - →核心的な発問でいきなり指名するのではなく、答えやすい発問で指名し、自信をもたせ参加意欲を喚起します。

❀ 学習の展開を配慮して指名を行うために

机間指導（巡視）で、指名する児童を考えます。

机間指導をしながら、児童の学習活動の様子をとらえ、学習課題を追究する上でポイントになる考え方をしている児童や、多様な解釈を出して考え合わせるために指名する児童を見つけ出しておき指名します。また、発言することに自信のない児童には、机間指導の段階で「これいい考えだよ。発表してね」と声をかけておくとよいでしょう。

関連Q&A　Q.63（p.91）

Column　自分の机間指導や指名の仕方を確かめよう

あなたは、机間指導をするときにどんな順路をとっていますか？　また、指名がある子に偏っていないでしょうか？

同じクラスに配属された実習生に、どんな順路で机間指導をしているかを下図のような座席表にその順路を書き込んでもらいましょう。また、指名した児童の座席にV（チェック）を入れてもらいます。順路と指名が書き込まれた図を見ると、たとえば次のような自分の授業の問題点が見えてきます。

・全員の座席をまわっているつもりだったが、部分的にしかまわれていない。
・均等に指名しているつもりだったが、指名が偏っている。

また、机間指導の順路と指名の関係を改めて振り返ってみると、机間指導で児童の学びをしっかりと見取れているかを確認することにもなります。

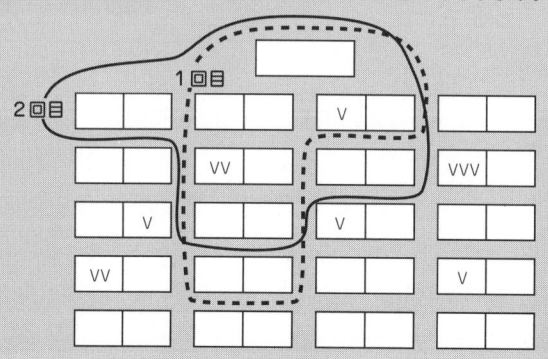

question! 55 予想外の応答や誰も手を上げないとき、どうしたら？

授業中の発問に対して、児童から予想外の答えが返ってきたり、誰も手を上げてくれない場合はどのように対応したらよいでしょうか？

answer

予想外の応答があったとき、発問に誰も手を上げないとき、慌てることもなければ、自分の力がないと落ち込むこともありません。教師としての成長のチャンスです。

学習指導案を立てる段階で、発問に対する児童の応答を予測します。しかし、実際の授業では予測していない児童の応答や、想像もしていなかった質問を受けることがあります。「教師は児童から学ぶ」と言われます。そんなときこそ、あなたの教師力を伸ばすチャンスです。

❀ 予想外の応答があったとき

予想外の応答を、自分の考えた授業展開には邪魔なものとして切り捨てるのではなく、「こんな考え方もするんだ」と児童の思考方法を発見できたという意識をもつことがまず重要です。その応答がどのような背景によって出されたものかを考えます。次のような背景が考えられます。

- 前時までの学習が定着していない。→前時の学習を確認する。
- その児童の生活経験から類推している。→その発言の背景をたずねる。
- 前の児童の発言を誤解している。→前の児童の発言の内容がどのよう

に考えられて出てきたものかをわかりやすく説明する。
・発問の意図を間違ってとらえている。→具体例をあげて説明する。
　学習指導案通りに進まない、時間が足りないと思っても、「その考え方おもしろいね。みんなで考えてみよう」と、その子の応答を問題として追究することも必要です。

❁ 発問に誰も手を上げないとき

　原因として、「発問内容がむずかし過ぎる」「抽象的で何を考えればよいかわからない」が考えられます。「こんな考えもあるね」と、具体的答えを例として示したり、わかりやすい言い方で発問をし直します。

Column　閉じられた発問・開かれた発問

　発問には、「閉じられた発問」と「開かれた発問」があります。
　「閉じられた発問」とは、答えが一つしか出ない問い方をする発問です。それに対して「開かれた発問」とは、児童からさまざまな考えが出される発問です。
　「開かれた発問」をすることが大事だといわれます。なぜでしょう。
　本来、人にものをたずねることを質問といいます。質問は、知らない人が知っている人に対して聞くという行為です。ところが、学校では、教師の質問を発問と呼びます。「閉じられた発問」をされると、答えを知っている教師がなぜ質問するのということになります。児童の考えを聞かせてほしいから、教師は質問をするのです。そして、それが本来の質問の機能です。教師が知っている答えを言わせることではありません。だから発問は、自然と「開かれた発問」になるはずなのです。しかし、授業では、教師が知っていることを児童が知っているかを知りたいときがあります。それは、「確認」という行為です。この「確認」は、「これからみなさんに○○を教えたいが、◇◇ということを知っているかい？」という気持ちが根底にあります。そうした気持ちがあれば、「わかる人？」といった無神経な質問はしないはずです。

question! 56 板書計画はどう立てたらよい?

板書計画はどのようなことを考えておけばよいのでしょうか? 黒板をうまく活用するためのポイントなどを教えてください。また、板書カードも活用してみたいのですが、留意点などはありますか?

answer

学習指導案を書いたら、授業展開を具体的に予想し、いつ、何を、どこに板書するかを考えます。授業が終わったとき、一時間の学習が児童に構造化できるようにします。

板書の機能は、学習を方向づけ、学習内容を理解させ、意欲づけたりするところにあります。

学習指導案を書き上げた段階で、授業をシミュレーションしてみましょう。このときに、黒板のどこに何を書くかを考え、次ページのように板書として書いてみます。これが板書計画です。学習指導案の本時の評価の後に、この板書計画を入れることもあります。

事前に、板書カードを用意しておき、展開に合わせてべたべた貼る実習生をよく見かけます。これはあまり感心できません。こういう授業では、学級みんなで学習を創り上げていくという意識をなくし、先生の引いたレールの上を走らされていると児童は感じることになります。板書カードは、厳選し、本当に必要なものだけにしましょう。

また、通常、国語、道徳は、縦書き、他の教科は横書きにします。

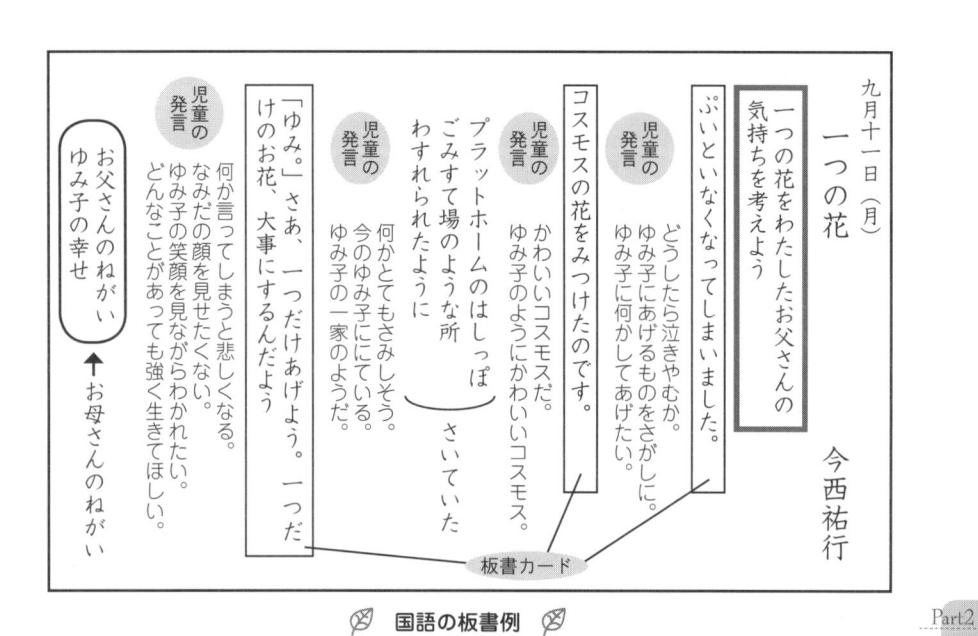

国語の板書例

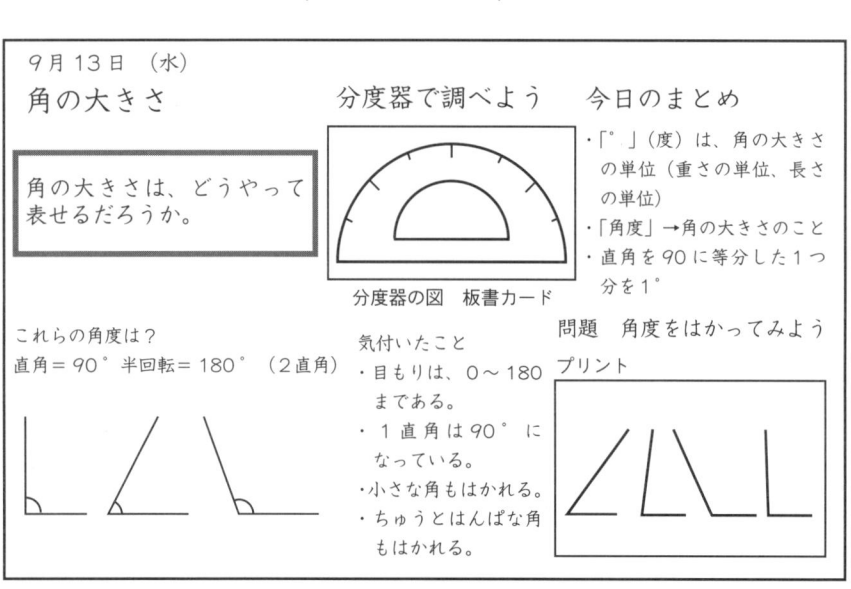

九月十一日（月）

一つの花　　今西祐行

一つの花をわたしたお父さんの気持ちを考えよう

ぷいといなくなってしまいました。

【児童の発言】
どうしたら泣きやむか。
ゆみ子にあげるものをさがしに。
ゆみ子に何かしてあげたい。

【児童の発言】
コスモスの花をみつけたのです。

かわいいコスモスだ。
ゆみ子のようにかわいいコスモス。

【児童の発言】
プラットホームのはしっぽ
ごみすて場のような所
わすれられたように

何かとてもさみしそう。
今のゆみ子ににている。
ゆみ子の一家のようだ。

（　）さいていた

【児童の発言】
「ゆみ。」さあ、一つだけのお花、大事にするんだよ

何か言ってしまうと悲しくなる。
なみだの顔を見せたくない。
ゆみ子の笑顔を見せたい。
どんなことがあってもわかれたい。

お父さんのねがい
ゆみ子の幸せ
↑
お母さんのねがい
何があっても強く生きてほしい。

（板書カード）

算数の板書例

9月13日（水）

角の大きさ

角の大きさは、どうやって表せるだろうか。

分度器で調べよう

分度器の図　板書カード

今日のまとめ

・「°」（度）は、角の大きさの単位（重さの単位、長さの単位）
・「角度」→角の大きさのこと
・直角を90に等分した1つ分を1°

これらの角度は？
直角＝90°　半回転＝180°（2直角）

気付いたこと
・目もりは、0〜180まである。
・1直角は90°になっている。
・小さな角もはかれる。
・ちゅうとはんぱな角もはかれる。

問題　角度をはかってみよう
プリント

question! 57 板書のタイミングを教えて

板書のタイミングがわかりません。授業内のどのようなタイミングで板書したらよいでしょう？ また、文字の大きさやチョークの色分けなどのコツも教えてください。

answer

授業の導入、展開、まとめの段階で何を書くかを考えます。どの児童にもよくわかるように書くことが基本です。そのために、留意することを具体的に説明します。

　導入段階では、単元名、学習のめあて、学習課題を書き、この時間どんな学習をするかが常に意識できるようにします。

　各教科の授業展開に合わせ、次のような内容を書きます。

　　・主発問の要点　・児童の発言の要約　・キーワード　・まとめ

　また、資料になる絵や図、写真などを厳選し、裏にマグネットをつけて、展開に合わせて貼れるようにします。

　実際に板書する上で、次のような点を考えておく必要があります。

- 文字はていねいに、字形や筆順に気を付け、適度の速さで書きます。
- 文字の大小、色づかい、などで重点化を図ります。
- 線で囲んだり、結びつけたりして構造化します。
- 採光を考え、前列の両端の子や最後列の子も見えるか確認します。
- 授業終了時、児童がこの時間の学習を振り返ることができるように、全体のレイアウトを考えます。

🌿 板書での留意点 🌿

　最後に、板書するときの教師の姿勢について注意してください。完全に児童に背を向けてしまう実習生がいます。黒板と児童へ体を向ける割合を児童のほうへ少しずつ多くし、児童が板書をどのように見ているかを観察しながら書くことができるとよいでしょう。

Column　板書のコツ

　板書は、学習を進めていく上で大変重要な教具です。そこで、板書をする上で、まず、心得ておいてほしいことを4つあげます。

①漢字の使い方
　小学校1、2年生では、既習漢字を使います。3年生以上では、熟語については、たとえば「料理」の「料」が未習でも、原則「料理」と書き、振り仮名をつけます。

②正しい書き順
　漢字に限らず平仮名、片仮名の書き順に注意しましょう。学習指導案の段階で、どのように板書するかという板書計画をつくりましょう。そのとき、書く字については書き順を確認しましょう。間違いやすい書き順については、本書、巻末資料②（p.140〜143）を参照してください。

③字の大きさと色チョーク
　字の大きさは、一番後ろの児童にもよく見えるということが肝心です。授業をする前に、板書計画をもとに板書してみましょう。一番後ろの児童の席に座り、どのように板書が見えるかを確認しましょう。
　色チョークも、多く使えばよいということではありません。あまり使いすぎると、かえって見えにくくなります。また、青や黄色のチョークは、光の加減などで見えにくくなります。

④その他の配慮
　現在、チョークはいろいろ改良されていますが、気管支が弱い子に対しては、板書を消すときに次のようなちょっとした配慮が大事です。
　黒板消しの全面を黒板にぴったりと当てて消すのではなく、黒板と黒板消しの上端の角度を45度ぐらいにして、上から下へ静かに消します。粉が散らばりにくく、きれいに消せます。
　次に、児童は、どんな板書をしてもらいたいと望んでいるかを聞いてみましょう。小学校の中・高学年にたずねました。要望の高かった順に3つ書きます。
・続け字ではなく、一文字ずつていねいに書いてほしい。
・濃くはっきりと書いてほしい。
・思い付きで、あちこちに書かないでほしい。

　（参考資料）文部科学省ホームページ「CLARINETへようこそ」「5　板書」参照

question! 58 板書の間違いを児童に指摘されたら？

黒板に書いた文字の間違いなどを児童に指摘されたらどう対応したらよいでしょうか？　訂正するタイミングなど教えてください。

answer

児童から板書の間違いを指摘されるもので一番多いのは、漢字の誤りと筆順です。指摘されたら謝り、訂正します。しかし、そうならない努力をしておきましょう。

　実習生が、児童から板書の間違いを指摘される中で一番多いのは、漢字の誤りと漢字や平仮名・片仮名の筆順の誤りです。児童から指摘を受けたら、「ごめんなさい。教えてくれてありがとう。これが正しい書き順でした」と、素直に謝ると同時に指摘してくれたことへの礼を述べましょう。このような教師の姿勢を見せることも教育です。

　とはいっても、漢字や筆順をあまり間違うようでは、教師としての信頼を失います。

　板書計画の段階で、使用する漢字は確認しておかねばなりません。また、担当する学年の前の学年までの漢字は、筆順、字形、送り仮名も見直しておきましょう。

　低学年では、平仮名・片仮名の筆順を指導しています。「ふ・も・や・よ」「メ・モ・ヤ・ヲ」など、日ごろの自分勝手な筆順が身についていて、つい間違うものです。確認しておいてください。本書、巻末資料②（p.140〜143）にその一部を掲載しましたので、参考にしてください。

　筆順は、文字を書く上での順序というだけでなく、字形を整え、速く正確に書くための合理的な筆運びです。学校でも発達段階に合わせて指導を行っています。教師が筆順をあまり間違えるようでは、「筆順なんて、意味がない」ということを教えてしまうことになりかねません。

question! 59 「わからない」「つまらない」と言われたら？

授業中、児童に「わからない」「つまらない」と言われてしまったとき、どのように対応して、授業を進めていけばよいでしょうか？

answer

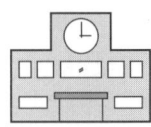

「わからない」「つまらない」と言われたときは、教師にとって自分の授業について振り返るチャンスととらえ、対応を考えることが重要です。

こんなに準備して授業に臨んでいるのにと、児童を責めるようでは教師になる資格はありません。

次の観点から、授業を振り返ってみてください。

① わかりにくい授業では？	② 学習問題が児童の生活経験から離れ、イメージしにくいのでは？	③ この学習をする意味がわからないのでは？
↓	↓	↓
「そうだね、わかりにくい説明だったね。こう考えてみたらどうかな」と、別の例を出したり、図を使って説明します。	「今考えている問題は、みなさんの身近な……と関係あるんだよ」と、児童の日常生活のできごとと結びつけて説明します。	「この問題を考えることは、……といった力がつくんだよ。たとえば……のときに使えるよ」と、具体的に説明します。

🍃 **授業の振り返り** 🍃

低学年児童の場合には、休み時間と授業のときの実習生の態度の落差——遊び時間は、実習生がお兄さんやお姉さんのように接してくれたのに、授業になったとたん「先生（教師）」として振る舞う——に対する抵抗感から「つまらない」ということがあります。休み時間であっても、教師としての接し方を考えなくてはなりません。

> **question! 60** 授業に集中していない児童への注意の仕方は？
>
> 騒いでいたり、寝ていたり、授業に集中していない児童へ注意をする場合はどのようにしたらよいでしょうか？ 怒鳴るなど厳しく注意してもよいものなのでしょうか？

answer

怒ったり、声を荒らげても、一瞬静まるだけで本質的な解決にはなりません。なぜ、集中できないのかを児童の立場から考えてみることです。

　授業に集中できず騒いだりする理由は、さまざま考えられます。授業に問題がある場合とその他に原因がある場合があります。

　授業以外では、たとえば、学級の友人関係や家庭内の原因も考えられます。教師は、児童の日々の行動をよく見て、変化をとらえることが大切です。

　授業に問題がある場合とは、その授業のときだけに集中できない様子が見られたときです。そんなとき、「こちらを見なさい」「しっかり話を聞きましょう」などと大声で注意しても何の解決にもなりません。

　まず、学習課題がむずかしすぎてやるべきことがわからないため、騒いでしまうことがあります。机間指導をしながら、課題の意味や課題追究の方法を具体的に説明します。また、窓から見える他学級がしている体育のことなどが気になっていることもあります。教師が教卓からゆっくり移動して立つ位置を変えて全体に話しかけたり、騒いでいる子の側に立ち、そっと肩に手を置き、それとなく注意を喚起するのもよいでしょう。もし、学級の何人かが、気をとられているようであれば、ちょっと授業を中断し、「みんなも次の時間の体育のときにやるよ。今は、算数がんばろう」と、一呼吸を入れるぐらいの余裕をもちたいものです。

関連Q&A　Q.52 (p.76)
　　　　　Q.53 (p.77)

question! 61 忘れ物をしてきた児童への対応は？

宿題など忘れてきた児童への対応はどうしたらよいでしょうか？ また授業で使用する用具などを忘れてきた場合の対処についても教えてください。

answer

忘れ物への対応は、その学級のルールや担任教師の指導方針で行われます。まずそれを理解しましょう。授業で使用する物は、忘れる子がいることを想定しておきます。

　宿題などを忘れてきたときはどうするかといったことは、学習ルールとしてすでに担任教師と児童の間できめられているはずです。また、担任教師の指導方針もあります。ですから、「放課後残りなさい」などと、安易な対応は慎まねばなりません。

　授業でその時間に使用する物として、前時に伝えておく場合があります。

　たとえば、色鉛筆や新聞紙をもってくることを指示した場合を考えてみましょう。当然、当日忘れる子が出ることを想定しなければなりません。新聞紙などは余分に用意しておくことです。また、色鉛筆の代わりになるものを考えておきます。さらに、準備できない家庭があるということへの配慮も必要です。

　簡単に用意できると思うことであっても、事前に担任教師と相談しておく必要があります。

　また、忘れ物への対応は、学年の発達段階も考慮しなければなりません。

question! 62 ＬＤ（学習障がい）の児童への対応は？

ＬＤやＡＤ／ＨＤ（注意欠陥／多動性障がい）の児童とのかかわりや対応について、とくに注意しなければいけない点について教えてください。

answer

何かできないときに、ＬＤ（学習障がい）だと、安易に判断し対応するのではなく、まず、担任教師によく聞いてみることです。

　一口にＬＤ（学習障がい）と言ってもさまざまなものがあります。たとえば、簡単な文字を写すのにもひどく苦労したり、計算のやり方だけ覚えてはすぐに忘れるを繰り返すなど。こうした気になることがある一方で、他のことはよくできるということもあります。

　もし、気になる子がいたら、この子はＬＤだと勝手に判断し、対応を図ろうとするのではなく、まず担任教師によく聞くことです。

　基本的なことは、児童同士が互いに支え合えるような学級にすることです。そのためには、教師は差別的な行動や言動に対して、毅然とした態度をとることです。差別的な言葉が出たときには、どんなに人を傷つけるかを説明することです。また、その子が、今どんなことに困っているかを説明してあげましょう。そして、誰にでも、できないことがあったこと、でも、まわりの人の支えでできるようになってきたことを話してあげましょう。

　低学年の児童の中には、教師が特別扱いをしてると思い、「なんで○○さんだけ？」と聞いてくることがあります。「今、一生懸命がんばっているんだよ。応援してあげようね」と、話してあげるのもよいでしょう。

参考図書）佐藤曉『発達障害のある子の困り感に寄り添う支援』学研、2004

関連Q&A　Q.35（p.52）

> **question! 63** 机間指導では何を指導したら？
>
> 授業中の机間指導では、どのような部分を気を付けて見たらよいでしょうか？　また机間指導での気付きを授業にどう活用したらよいでしょうか？

answer

机間指導では、学習指導案を立てる段階で、いつ、どんな目的で行うかを明記し、計画的に行うことが大切です。むやみやたらとやっても意味はありません。

　机間指導は、学習課題に対して自分の考えをノートまたはワークシートに書いているときやグループで話し合いをしているときなどに、児童の学習状況を確認するために行います。学習指導案の「教師の支援」または「備考」の欄に、どんな目的でいつ行うかを書き入れておきます。

　学習状況を確認するためには、次の2つの観点をもって机間指導します。

　① 学習活動を進める上でつまずいている子はいないか。
　② 児童がどのような考えを表現しているか。

　①では、つまずいている子がいたら、その場で、たとえば、「登場人物の行動から考えてごらん」「線分図を書いて考えてごらん」と助言します。

　②では、児童の多様な考えを見つけ、学習を展開する上で誰を指名したらよいかの見当をつけることがねらいとなります。そのためには、漠然と観察するのではなく、ある程度、児童の考えを予想しておくことが必要です。また、「この考え、後で発表してね」と声をかけておくのもよいでしょう。

　机間指導の時間に、遅れている子の個別指導を行う場合もあります（Q.65）。ただし、多くの時間はとれませんので、この机間指導では、この子にこれだけは指導すると明確にしておくことです。

関連Q&A　Q.54（p.78〜79）
　　　　　Q.65（p.93）

question! 64 グループ学習の際の注意点は？

グループでの学習のときにグループによって作業の早さが異なったりする場合、どのように対応したらよいでしょうか？ とくに注意しなければいけないことはありますか？ また、グループ学習に適する人数はありますか？

answer

学習の目標や育てたい力とグループの特質、学年の発達段階を考えて編成します。グループ学習を進めている間、教師はこまめに机間指導を行うことが必要です。

　グループ学習は、少人数の児童で学習課題に取り組み、話し合いや作業を通して互いに高め合いながら学習に取り組む学習形態です。

　グループの編成の仕方は、大きく３つに分かれます。１つは、生活班グループです。日常使われている清掃や給食当番などのグループを使う方法です。座席も近く、机をつなげるだけですぐにグループがつくれます。２つめは、課題別のグループです。それぞれの課題ごとに興味関心のある児童が集まって編成されるグループです。３つめは、能力別グループです。同程度の力の児童で編成するグループです。この場合、劣等感や優越感を感じさせない配慮が必要です。

　また、学年の発達段階も考慮しなくてはなりません。学級のそれまでの取り組みにもよりますが、おおよそ４年生ぐらいまでは４人程度、５年生以上でも６人まででしょう。

　活発に意見を出し合うグループとそうでないグループができるときがあります。学習に入る前に、司会者をきめたり、話し合いの進め方を指導することも必要です。話し合いが逸れてきている場合などは、机間指導しながら、軌道修正するための助言が必要です。また、発言に自信のない子には、「○○さんはどう考えている？」と司会役もしてあげましょう。

question! 65 ワークシートの作成や活用の仕方は？

ワークシートなどを作成し、授業で活用したいと思っています。どのようなことに留意したらよいでしょうか？

answer

授業展開のどの部分で、何のために使うのかをしっかりと考えてください。その上で、目的に合わせたワークシートを作成します。

実習生は、よく授業をスムーズに進めるためにワークシートを使用します。このスムーズという言葉に、学習指導案通りに進めたい、時間を短縮したい、板書をしないですむ、といった意味が込められているのなら、ワークシートは使用しないほうがよいでしょう。

ワークシートを使用する目的を明確にしましょう。たとえば、技能面での差が大きく、個別に指導する時間をとりたいという目的と、学習課題に対して、各自でじっくり取り組む時間をとり、その上で多様な考え方を出させたいという目的とでは、ワークシートのつくり方は違ってきます。

前者の目的ならば、全員がする基本問題と、速くできた子が挑戦する問題を入れたワークシートがよいでしょう。速くできた子が挑戦問題を解いている間に、個別指導をすることができます。

後者ならば、自分の考えを書くスペースと友達の考えを書くスペース、さらに、友達の考えを受けて深まった自分の考えを書くスペースなどを入れるようにするとよいでしょう。

さらに、学年の発達段階を考え、スペースの取り方や分量についても配慮が必要になります。また、ノート使用との関係からも考えておく必要があります。ノートですむことなら、ワークシートはいりません。

question! 66 個別の作業で早い児童、遅い児童など差が生じてしまった場合は？

授業内で課題を出して個別に作業を進めた際、作業の早い児童や遅い児童など進行に差が出てしまった場合どのように対応したらよいでしょうか？

answer

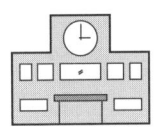

個別作業を取り入れる場合、指導案の段階でおおよそ何分とるか、どの程度できたところで個別作業を切り上げ次の段階に進むかを考えておきます。

個別作業では、どうしても個人差が出ます。早くできてしまった子が、やることがなくて落ち着かなくなり、取り組んでいる子が集中できないことが起こります。

どの程度できたところで、個別作業を切り上げ次の段階に進むかは、次の段階と個別学習との関係で違ってきます。

次の段階が、個別作業の成果を発表させたり話し合う場合と、個別作業とは別の学習に進むかによって違います。後者の場合は、早くできた子に対応した別の学習課題を用意しておきます。遅い子に対しては個別指導をします。

前者は、机間指導によって学習の進み具合を見て、「では、作業はここまでにして発表してください。途中の人は、友達の話を聞いて、自分の考えに付け加えてみましょう」と切り上げます。ただし、机間指導のときに作業が十分でなかった子に対しては、ある程度発表や話し合いが進んだ段階で、「○○さん、友達の意見を聞いて、考えたことを発表してください」と指名することも大切です。児童が自分だけ遅れてしまったと思ったり、学習を途中で終わりにしてもいいという思いをもたないよう配慮します。

question! 67 時間内に授業が終わらない！ どうしたら？

授業時間内に時間が足りず、授業が終わらなさそうなときはどうしたらよいでしょうか？ また逆に授業が早く終わりすぎてしまった場合はどうすればよいでしょうか？

answer

慌てることはありません。大事なことは、本時の学習がどこまで進んだのか、残った課題は何かを明確にし、次の時間につながるように終えます。

　実際の授業は、学習指導案通りに進まないものです。学習指導案の「時間」の欄はあくまで目安なのです。

　よく、腕時計を気にしながら授業を進める実習生がいます。その行動は、「なんでそんなに時間気にするの？」「私たちのペースに合わせてよ」といった思いを児童に抱かせてしまいます。また、授業終了のチャイムが鳴っているのに授業を続ける実習生もいます。「休み時間がなくなっちゃうよ」と児童としては落ち着かないことでしょう。そんなときは、教師の話は頭に入りません。教師の自己満足のための授業になってしまいます。

　まず、終了チャイムが鳴ったら、よほどのこと（児童からもう少し学習したいと要求される）がない限り、きちんと授業を終えることです。

　そこで、授業終了5分前に、終わる見通しがたたなかったら、その時間のまとめに入りましょう。

　「みんな一生懸命考えてくれたので、あと5分しか時間がありません。ここで、今日の授業を振り返ってみましょう」と、本時の学習を板書を見ながらまとめます。その上で、「みんなで考えようと言っていた○○の問題がまだ残っていますね。次の時間に、この問題について考えてみましょう」と、次への予告をして終わります。

関連Q&A　Q.68 (p.96)

question! 68 学習指導案通りに授業が進まないときは？

事前に立てている学習指導案通りに授業が進まないときはどのように対応したらよいでしょうか？ 学習指導案通りに進めるコツはありますか？

answer

学習指導案通り進むことがよいことではありません。うまく進まないと判断されたときは、児童の学習実態から何が問題かを把握し、その対応をとればよいのです。

学習指導案は、あくまで予定です。無理に学習指導案通りに進めようとすれば、児童の思考を無視した教師主導の授業になってしまいます。

教師が、児童の学習状態をとらえて授業をどう進めるかの判断は、おおよそ、「このまま進める」「立ち止まる」「前に戻る」の3つです（吉崎、1991）。実習生のほとんどは、「このまま進める」という判断をしてしまいます。それは、準備が十分でないために不安だからです。無理に学習指導案に沿って進めれば、児童の意欲は減退し、意識は授業から離れていきます。

「立ち止まる」とは、「ここでもう少し時間をかけてでも、全員が納得できるようにしよう」という判断です。もう一つ例題を出して定着を図ったり、別の事例で考えさせるという方法をとることになります。

「前に戻る」とは、「このつまずきは、前時（前単元）の学習の到達が十分ではなかったのだから、その時点に戻って復習しよう」という判断です。

この「立ち止まる」「前に戻る」という判断ができるためには、学習指導案を立てる段階で、たとえば、発問の応答をどういう観点から評価すればよいかということを考えておくことです。もし、到達していないと判断した場合は、次の手立てを打たねばなりません。そのために、別の問題などを準備しておかねばなりません。

参考図書）吉崎静夫『教師の意思決定と授業研究』ぎょうせい、1991

関連Q&A Q.67（p.95）

question! 69 授業にＩＣＴはどのように取り入れたら？

パソコンやプロジェクター、ビデオ等を活用したＩＣＴを使った授業を実習でも行ってみたいと思っていますが、どのように取り入れたらよいでしょうか？

answer

ＩＣＴ機器それぞれの機能を理解し、学習のねらいを達成する上でどのような効果があるかを考えて取り入れます。使用する場合には、必ず事前に試してみてください。

　ＩＣＴは Information and Communication Technology の略称で、「情報通信技術」などと訳されます。

　実習校にＩＣＴ機器を使用する環境が整っているかを確認してください。

　現在は多くの学校で、実物投影機やパソコンとプロジェクターが接続されていて、いろいろな教科で使える環境が整えられつつあります。

　たとえば、理科の気象の学習で、インターネットに接続し、現在の気象情報を用いることは、授業にリアリティーが生まれます。社会科でも、写真、グラフなどをインターネットからダウンロードして使うことも考えられます。国語科でも、児童がデジカメで撮ったものをもとに、パンフレットを作成するなど、さまざまな学習活動が考えられます。

　しかし、ＩＣＴ機器を使えばよいかというとそうとばかりは言えません。

　視覚的に見せるために、言葉や文章から想像する力を阻害することもないとは言えません。また、児童に操作を学ばせるのに時間がかかりすぎたり、教師がソフトをつくるのに時間がかかりすぎることもあります。他の大事なことがおろそかになってしまっては意味がありません。

　機器を使用するときは、授業前日に必ず使用し、点検しておくことです。もし、機器のトラブルがあっても対応できる準備もしておくことが大切です。

question! 70 児童の回答は一つにまとめるべき？

国語の授業などで、"自分の考えをまとめる"などの発問の際、複数の回答が児童たちから出た場合、答えは一つにまとめたほうがよいのでしょうか？

answer

この授業で、学習のねらいとしていることは何ですか？ そのねらいによって、どのようにまとめるかを考えます。

　国語の場合、さまざまな読みを出し合ってきたのに、最後に「このときの登場人物の気持ちは……ですね」と一つにまとめたら、児童はどう思うでしょう。「なんだ、最後は一つの正解があるのか」「あれだけいろいろ考えを出したのにあれは何だったんだ」と思われるようなまとめ方をしてはいけません。また、算数の場合でも、「いろいろな解き方を考えてみよう」を学習のねらいとしていたのに、最後には、「この解き方が一番わかりやすいね」などと教師がまとめるのでは意味がありません。こんな場合は、たとえば、「みんなから出された解き方はどれもよく考えられたものだね。この中で、他の問題を解くときにも使えるぞというのはあるかな？」と問いかけたり、別の問題を提示し、出された解き方のどれが使いやすいかを効率性や汎用性に目を向けさせて考えさせるとよいでしょう。

　もし正解が一つであり、それを伝えなくては学習にならないということであれば、きちんと正しい答えを示せばよいのです。もし、教師に、一つにまとめないと知識を伝えたことにならないという意識があり、それだけでまとめようとするのであれば、それは間違っています。あくまで、学習のねらいに基づき考えることです。思考力や観察力を育てることがめあてであるならば、一つにまとめる意味はありません。

question! 71 国語の授業で教材の"読み"は教師から？ 児童から？

国語の授業で教材の"読み"は教師から読むほうがよいのでしょうか？ それとも児童の読みから入ったほうがよいのでしょうか？ また一斉読みや黙読等のいろいろな読み方の効果的な学習場面とタイミングを教えてください。

answer

読みには、黙読、音読、朗読があり、音読のさせ方として一斉読み、指名読み、群読があります。教師が読むのは範読。いずれを用いるかは、学習のねらいに関係します。

　声を出さずに読むのは黙読、声に出して読むのは音読です。朗読は、音読の一種ですが、読み手の感動や鑑賞を聞き手に伝える読みです。
　教師が児童に音読をさせる方法として、一斉読み、指名読み、群読などがあります。一斉読み（斉読）とは、学級全員の児童が声をそろえて読むものです。指名読みとは、教師が児童を指名し、順次ある区切りまで読ませるものです。群読とは、部分によって複数、または単独で、またある部分は全員でというように読むもので、朗読と同じような効果をねらう読みです。範読は、教師の深い読みを児童に伝えるような読み方です。
　低学年では、授業に集中させる、声を出して読むという行為に慣れさせるために一斉読みをさせることもあります。個々のペースでじっくり考えさせたいというときには、黙読をさせることになるでしょう。教師が読む場合も、「みなさんの考えた登場人物の心情を表すには、どちらの読みがいい？」と、複数の読みを示して、問題を明確にする場合もあるでしょう。そのためには、言葉の正しい発音はもとより、速さ、間合い、強弱、高低などを考え、十分に練習しておかねばなりません。このようにそれぞれの読みの特徴をとらえ、学年の発達段階、授業のねらいにより、授業展開のどこでどの読みをするかを考えます。

question! 72 国語の授業の発問はどのように行えばよい？

国語の授業では、算数のようにとくに定まった回答がない場合が多いので、児童にどのような内容の発問をしてよいかわかりません。またどのようなタイミングで発問を行うのがよいか教えてください。

answer

発問の良否は授業の成否を決定すると言っても過言ではありません。一問一答ではなく、一つの問いから多様な反応や考えが生まれる発問にします。

　発問とは、教師から児童に発せられる問いあるいは問題です。発問の良否は、学力を形成するものであるか、児童の学習意欲を喚起するものであるかという観点から考えます。
　まず、端的、明快に問うようにします。また、一つの問いから多様な反応や考えが生まれるような発問を心がけましょう。
　実習生の発問で一番多く見られるのは、学習のねらいそのままに発問するものです。たとえば、登場人物の心情を考えさせることをねらいとして、「この登場人物はどう考えたでしょう」と直截に聞いてしまうものです。これでは、「悲しいと思いました」「かわいそうだと思いました」といった、紋切り型の答えしか返ってきません。こんなときには、「登場人物のこの言葉は、どこを向いていったのだろう？」と問えば、登場人物の視線を追うことで、登場人物になって考えることになります。いろいろ意見が出たところで、「なぜ、下（上）を向いて言ったのだろう？」と問えば、先ほどのような紋切り型ではなく、登場人物になりきって考えたさまざまな思いが返ってきます。また、「この言葉を登場人物はどんな言い方でいったんだろう？」と問い、教師が例としてその読み方を３つほど示すとイメージが喚起され、その言い方をもとに登場人物の心情に迫れます。

question! 73 簡単な授業内容で45分をどうやってもたせる?

低学年の算数の授業など、簡単な授業内容のとき、45分の授業をどうやってもたせたらよいのでしょうか? 授業の工夫の仕方などを教えてください。

answer

低学年における算数の授業の工夫としては、具体的操作を導入して、まず児童に思考させ、それを発表させながら内容の定着を図っていくことです。

　簡単な授業内容を児童に定着させる一つの方途として、具体的操作を導入することが効果的であると言われています。ここでは、サイコロ遊びという具体的操作を通して7の合成や分解について考えてみます。まず、「サイコロの表の目の数と裏の目の数を合わせるといくつになりますか」と発問します。①児童は、サイコロを振り、表の目の数を発表し、そして裏も目の数を予想して確認します。(表⚂裏⚄)その結果、合わせて7になることに気付きます。そこで、「どのサイコロもみんなこうなっているかな」と発問します。児童は表の目の数と裏の目の数をマグネットを使って、実際7になることを確かめ、そしていろいろな場合をあげます。○○○○●●●→○○○○●●●(7つ)　○○○●●●●→○○○○●●●(7つ)このような具体的操作を通して、7を2つの数に分けることによって、1つの数を2つの数に関連づけてみる見方を育てていきます。今度は、一人ゲームによって内容の定着を図っていきます。①サイコロを振り、表の目の数だけゲーム板に○を書き、裏の目の数だけ×を記入します。(〈○××××××〉→1と6、〈○○×××××〉→2と5)その結果、7を2つに分けると6つの場合があることに気付くのです。このような具体物の合成を契機にして、抽象化された数そのものの合成や分解が理解できるようになります。

question! 74	理科の実験で事故が起こらないようにするためには？

実習では理科の実験を行いたいと思っています。全員の児童に同時には目を向けられないため、事故が起こらないか心配です。事故を防ぐためにはどのようなことに注意して授業を行えばよいでしょうか？

answer

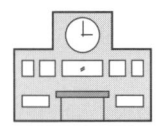

理科の実験において事故を防ぐためには、教師は指導に臨む前に児童が行う実験をあらかじめやって（予備実験を）おくことです。

理科でもっとも気を付けたいのは実験による事故です。その大半は、教師側の事前の準備不足にあるといわれています。教師は指導に臨むに当たって児童が行う実験をあらかじめやってみたり、野外学習においては事前調査を行ったりして危険を未然に防ぐように努力することです。

そして、実験の授業においては、安全についての適切な指示を与え、絶えず児童の行動に注意を払い、安全に器具を操作しているか否かを確認します。言うまでもないことですが、薬品や器具等の管理保全に努めるようにします。前述した予備実験をやることで、児童にとって何が危険であり、そのための適切な指導はどうあるべきかをと

らえることができます。それをもとに実験準備や実験方法を検討しておくことです。

　実際の授業においては、児童が自ら安全を守る態度を育てることも重要です。それは、教師側の注意だけでは十分に事故を防ぐことができないからです。児童の発達段階に沿って、具体的な場面を通して活動させ、理解させていくようにします。

　事故に結び付きやすい児童の行動を右にまとめました。これらのことを念頭に置いて、実験の前や実験中に必要な指示および注意を行うことです。

- 自分勝手な操作をする
- 好奇心に引かれて慎重さを失う
- 緊張して慌てる
- 注意が他方面にわたらない
- 片付けで、集中力がなくなる

🌿 **事故に結び付きやすい児童の行動** 🌿

Column　事故防止と児童への指導

　平成29年改訂の学習指導要領解説においては、「②教育内容の改善・充実」を志向して「観察、実験を中心とした探究の過程を通じて課題を解決」することを重要視しています。そして、従来と同じように児童の直接体験を強調しています。

　このようなことを念頭に置くとき、理科の学習においては、事故を恐れ消極的になるのではなく、観察や実験等においては適切な指導のもと積極的に活動できるようにすることが重要です。

　事故防止のための指導上の留意点としては、「指導者である教師の注意をしっかり聞き取らせる」「指導者である教師の制止の合図に従わせる」「指導者である教師は、自ら模範を示し、薬品や器具等の整理・整頓を徹底させる」「観察や実験等の際の注意事項は、事前にしっかり行う」等が考えられます。

question! 75 体育の授業を行う際の教師の立ち位置は？

体育の授業の際はどこに立って指導を行えばよいのでしょうか？　たとえば跳び箱であれば助走位置でしょうか、それとも跳び箱のところでしょうか？

answer

屋外や屋内で跳び箱の授業を行いますが、その際、教師は跳び箱の近くに立って指導を行います。

　跳び箱の指導は屋外で行ったり屋内で行ったりします。いずれの場合も教師は跳び箱の近くに立って指導することが望ましいとされています。それは、危険の際、速やかに対応できたり、児童の姿勢をつぶさにとらえたりすることができるからです。跳び箱の近くに立つ際、その場の状況をしっかり把握しておくことです。たとえば、屋外の場合、太陽の位置、風向き、建物や木陰等の自然環境や物的環境を考慮に入れたり、他の学年と共有して校庭を使用している場合も考慮に入れたりしておくことです。これらは、安全管理の面からとても重要なことです。太陽が眩しく、砂塵が巻き上がったり、木漏れ日が入ってきたりすると、児童の危機の状況を見逃してしまい、児童への言葉かけ等のタイミングも遅れてしまいます。児童への声も通りにくくなります。言うまでもないことですが、そんな状況下においては、児童を太陽の背にさせ、風を背に受けるように集合させます。あまり太陽が眩しく、風が強い場合には、屋外での跳び箱の授業は避け、屋内で行うようにします。屋内の場合でも物品の格納場所や舞台の位置、物品の管理方法等を念頭に置いて立つ位置を考慮することです。先に児童の姿勢をつぶさにとらえるとしましたが、それは児童が跳び箱を飛ぶ際の手足の位置、手のつき方等をしっかり観察することです。それによって児童への指導が適切で速やかに行われます。

> **question! 76　プール授業での留意点は？**
>
> 実習中にプールでの体育の授業があります。プール指導でとくに気を付けることはありますか？　また着用する水着はどのようなものがよいでしょうか？

answer

プール指導をする際、とくに授業前に安全管理体制やプールの使用上のきまり等を確認し、授業中にそれをもとに対処していきます。

　プール指導については、授業前、授業中、授業後の３つの段階があります。それぞれの段階において留意することがあります。とりわけ、授業前の準備段階においては担当教員のもと確認しておくことで、その後のプール指導が事故なく円滑に展開します。授業前の準備としては、事故を想定した役割分担、つまり安全管理体制を確認します。役割分担の用紙に指導前の名前（例：指導者、救助者、緊急連絡係、児童誘導係等）を記入し、と同時に水泳実施前に担任教師が行う健康観察と指導、プール使用上のきまり（心得、ルール、シャワー・入水等）を確認しておきます。以下に少し具体的に見てみます。まず、事故を想定した役割分担を確認したあとは、もし溺れた場合、誰がどう対処し、どういう体制で対処するかを考え、そして自分は何時でもプールに飛び込める態勢でいなくてはなりません。次に、児童のシャワーの浴び方にも気を付けておきます。シャワーを浴びるのは、体の汚れを落とし、病気や汚れをプールに入れないようにするためです。加えて、水圧によるマッサージで筋肉をほぐす目的もあります。さらに、プールサイドを走ったり、教師の指示に従わず、ふざけている児童はいないかを確認します。そのような行為が認められた場合は、声をかけて速やかに指導します。また、入水、出水は慎重にするように支援します。

　着用する水着は競泳タイプの動きやすいものを選びましょう。

授業以外で

実習中のQ&A

question 77 給食の指導は何をしたらいいの？
question 78 清掃活動のときのかかわり方は？
question 79 児童が学校のきまりをやぶったときの対応は？
question 80 学級会で意見が対立！　どうしたら？
question 81 行事や校外学習では何をするの？
question 82 児童の登下校後は何をするの？
question 83 ケガや事故が起きたら？
question 84 実習校に知っている子や弟や妹がいたら？
question 85 放課後って何するの？
question 86 携帯電話の番号を聞かれたら？
question 87 持ち物にいたずらをされてしまったら？

question! 77 給食の指導は何をしたらいいの？

好き嫌いやアレルギーのある児童など食べられない食事・食品のある児童への対応など、給食のときの指導の仕方について教えてください。

answer

給食指導には、仕事分担、衛生面、食事マナー、栄養・食材等の指導事項があります。食物アレルギー等への対応の他、食べ残しや横取り、押し付け等には注意が必要です。

特別活動の教育内容として「食育の観点を踏まえた学校給食と望ましい食習慣の形成」があげられている通り、給食時間は食事の時間であると同時に、給食指導の時間でもあります。給食時は給食当番が仕事分担をし、手洗いやマスク着用等衛生面に配慮しながら配膳を行うのを支援します。

給食は、児童が一堂に会し、話題を選んで楽しく、食事マナーを守りながら、きめられた時間に食事をともにすることで、望ましい食習慣を形成する機会となります。また、児童が健康について関心をもち、さまざまな食材をバランスよく摂取する、あるいは、地域の郷土料理や地元の食材に触れる等、食育のきっかけづくりともなるものです。

給食の食材や調理法によっては、苦手と感じる児童や、全体量が合わない児童がいますが、残さず食べることを強要するのは止めたいものです。

食物アレルギーがある児童には特に注意が必要です。配慮が必要な児童について担任教諭から正確な情報を得ておき、児童が誘発原因となる食物を摂取しないよう除去に努める必要があります。例えば乳アレルギーの場合、牛乳の提供を中止する、食材に乳が含まれている乳製品を除去する、代替の食品に変更するなどです。家庭から代替食を持参させる例もあります。緊急事態を発見した場合には、担任教諭など教職員に速やかに報告しその指示に従うようにします。

> **question! 78** 清掃活動のときのかかわり方は？
>
> 清掃のとき、ふざけて掃除をしない児童や、一生懸命に行わない児童など、どのように指導したらよいでしょうか？

answer

清掃は、学習の場を「きれいにする」ことを通して清潔感を高めたり、協力することの大切さや働くことの意欲を高めたりする場であります。このことを児童に理解させます。

清掃の時間になると、児童は解放された気持ちになる場合が多いといわれています。そのため清掃に真剣に取り組もうとしなかったり、ときにはほうきを振り回したり雑巾を投げ合ったりする児童が認められます。そうした児童は「清掃をやらされる」「清掃をやらされた」という気持ちをもち、清掃に対する意識が希薄です。

そこで、指導者である教師は、「清掃をやらされている」という気持ちを変容させるような手立てを講じることが重要です。まずは、学習環境を清潔にしておくことは、健康を保持増進し、新たな気持ちで学習できる環境をつくる上から極めて重要なことであることを児童にしっかり理解させることです。つまり、清掃の意義を児童にとらえさせることです。たとえば、窓ガラスの汚れや教卓の下のごみ等に着目させ、それをきれいにすることの大切さに気付かせ、そして「仕事をしてよかった」という満足感を育て、と同時に児童の清潔感を高めることです。次いで、「きれいにする」ためには、「一人一人が、またみんながどのように清掃に取り組めばよいか」について思索させ、そしてそれぞれの役割に従って協力し合って清掃をすることの大切さに気付かせることです。こうしたことは、学級会の話題として取り上げて指導したり、また実際に児童が清掃している場面で観察しながら指導したりします。

Column　清掃指導の留意点

　清掃指導を行う際の留意点を考えてみます。教師は、児童と一緒に清掃するように心がけます。そして、実際の場においては、「ほうきの使い方やはき方」「雑巾のかけ方やすすぎ方や絞り方」等を教えます。このように教師が清掃する姿を児童に見せながら指導することがとても重要です。
　また、教師は児童と一緒に清掃しながら、児童の清掃活動の様子をよく観察します。一生懸命清掃している児童を朝の会や帰りの会でほめたり励ましたりします。ほめる際には、学級としてどんなことが助かるかを具体的に話します。

question! 79 児童が学校のきまりをやぶったときの対応は？

学校のきまりで持ち込んではいけないゲーム機をもってきたり、授業中に携帯電話で遊んでいたりなど、学校のきまりを守らない児童への対応はどのようにしたらよいでしょうか？

answer

ゲーム機の持ち込み等は、禁止することが教育的配慮として認められます。指導担当教員へ報告し、相談した上で、きまりを守る必要や、発達への影響等を理解させましょう。

　学校教育は人格の完成を目指して行われますが、学級や学校のきまりを守ることの指導は、とくに道徳や特別活動の教育内容に属しています。道徳や特別活動の目標や内容に「約束やきまりを守る・公徳心」「集団の一員として・望ましい人間関係」等の文言で表現されています。

　本来、ゲーム機で遊ぶ、携帯電話を持つ等は、私事に属し、家庭を始め社会一般では自由に行える行為です。しかし、学校生活においては、種々の教育的配慮からきまりをつくり、規制している場合がほとんどです。それは、児童の健全な発達や勉学への支障をきたすと判断され、非行防止の観点からも規制することが教育的配慮であると考えられているからです。

　児童の指導に当たっては、ルールを守ることの必要性を理解させることが重要です。指導技術として、「○○はだめ」「○○禁止」というより、「○○しよう」「○○のほうがよりよい」等、積極的に訴えるほうが功を奏する場合があることも知っておくとよいでしょう。

　ゲームそのものに対する考え方は専門家の間でも異なりますが、ゲームの時間が多すぎることによる問題行動が指摘されています。よりよい社会人となるため、きまりを守ることや、がまんの体験の必要など保護者との連携のもと、指導していきたいものです。

question! 80 学級会で意見が対立！ どうしたら？

学級会で児童同士の意見が対立した際、意見がまとまるようにどのようにかかわっていけばよいでしょうか？

answer

教師が適宜話し合いに入りましょう。賛成意見と反対意見に分け、各意見の長短を踏まえ、補足・変更・折り合い等によりまとめていくよう指導します。多数決も一つの方法です。

「話し合い活動」では、児童が学級会を運営することを目指し、児童の発達段階を考慮しながら、教師が話し合いの司会役を受けもつことから始め、次第に教師の助言とともに、司会や記録の一部分を任せていき、児童が自分たちで学級会を運営し、活動計画を作成するよう指導していきます。

学級会の進行に当たっては、一人一人の思いや願いをもとに、意見を出し合い、理解し合い、みんなで納得・確認しながら、まとめていくことが大切です。話し合いで、意見が対立してまとまらない場合、教師は適宜話し合いに入り、①〜④のように、指導する必要があります。

①賛成と反対の意見が出た場合、それぞれの意見を分けて示す。

②それぞれの意見の理由を述べさせ、各意見の長所や問題点を明らかにする（ペア・小グループ、一斉などの形態）。

③意見を補足したり、変更したりして、折り合いながら、まとめていくことを指導する（ペア・小グループ、一斉などの形態）。

④それでも意見がまとまらない場合、学級の意見として決定するための方法を考えさせる（多数決・委員に一任・次回へ持ち越し等）。

前もって、学級会の進行形式や、意見の述べ方、まとめ方等のマニュアルを示しておくとよいでしょう。きめられたことは、学級の全員で確認し、全員のきまりとして取り組むよう指導することも大切です。

question! 81 行事や校外学習では何をするの？

運動会などの行事や社会科見学などの校外学習の引率では、実習生はどんなことをするものですか。役割や留意点などを教えてください。

answer

行事や校外学習がある場合は、指導担当教員から必ず役割が言われます。留意点としては、ふだんと異なった行動を児童はしますので、ケガや事故に十分な配慮をすることです。

　学校は、授業だけで成り立っていません。授業以外にも、運動会・学習発表会・音楽会などの行事、ときには校外学習など学校外での学習があります。児童は、行事や校外学習を楽しみにしています。もし、実習中に行事や校外学習があった場合は幸運です。というのも、なかなかその時期に実習が実施されないからですし、大学では教えてくれない実践の一つだからです。正に、実習ならではです。

　行事や校外学習における実習生の役割は、基本的には指導担当教員や学年主任の教師から指示があるはずです。ですから、その指示に従うことが重要です。それに、打ち合わせ会などが必ずあるはずですから、そのときに、自分の役割を確認し、疑問点は質問をして必ず解消しておきましょう。

　運動会や音楽会などが開催されるときには、前もって練習があります。その練習の役割も指導担当教員から指示があると思いますが、ない場合でも練習には積極的に参加をしましょう。

行事や校外学習における児童への配慮は、ケガや事故がないようにすることです。ふだん学校にいるときとは、異なる行動を児童たちはします。楽しくて、自分が抑えられない子もいます。ですから、児童への気配りを十分にするようにしましょう。とくに、移動するときは、後ろにいる児童は列から離れがちになることなどから、児童と教師との位置をいつも確認し、何かあったらすぐに動けるように配慮をしましょう。楽しい学習にするためにも、禁止するのではなく、児童がしそうなことを予想して、先手を打つよにしましょう。実習生の中には、児童と一緒についついはしゃいでしまいがちですが、そのようなことがないよう、常に冷静な行動をするように心がけましょう。

Column　学校行事 ─特別活動─

　学校行事は、「小学校学習指導要領（これ以降「指導要領」とします）」によりますと、特別活動の一環として実施されています。この特別活動は、①学級活動、②児童会、③学校行事、④クラブ活動をいいます。その目的は、「望ましい集団活動を通して、心身の調和のとれた発達と個性の伸長を図り、集団の一員としてよりよい生活や人間関係を築こうとする自主的、実践的な態度を育てるとともに、自己の生き方についての考えを深め、自己を生かす能力を養う」としています。

　「指導要領」によりますと、学校行事は、①入学式・卒業式などの儀式的行事、②学習発表会・学芸会・文化祭・音楽会などの文化的行事、③運動会、スポーツ大会などの健康安全・体育的行事、④林間学校などの遠足・集団宿泊的行事、⑤町内清掃などの勤労生産・奉仕的行事の5行事をいいます。

　学校行事には、①全校や全学年など大集団での活動、②学校生活をより豊かな充実した生活にする活動、③内容が多彩である総合的・体験的な活動、④学校行事への参加・協力を通しての自主的,実践的な活動などの特長があります。そして、この活動を通して、子どもたちには、①望ましい人間関係の形成、②集団への所属感や連帯感の深化、③公共の精神の養成、④協力することによるよりよい学校生活の構築、⑤自主的、実践的な態度の育成などを目指しています。

> **question! 82** 児童の登下校後は何をするの？
>
> 児童が登校した後や、下校した後は、実習生は何をしているものなのか教えてください。

answer

登校時はどの児童にもあいさつ、声かけをしましょう。下校後は、授業の準備や学級の環境整備をし、指導担当教員に確認してもらい、許可を得て帰りましょう。

児童が登校してきたときは、どの児童にも、あいさつ、声かけは忘れずに。児童の登校のときの様子や遊んでいるときの様子には注意しましょう。児童について気が付いたことがあったら担任教師には報告をしましょう。案外、担任教師が見落としていることもあります。

児童が下校した後は、①ノートやワークシート等の記入や丸付けなどの児童の授業内容がどの程度理解されているかの確認と、児童の理解度による翌日の授業の流れの修正、②教室の整備などの環境整備、③もし授業の準備があればその準備、④時間があれば実習日誌を書くなどをして過ごしてください。また、指導担当教員との話し合いも、この時間に行われることが多いので、その準備もしておくとよいでしょう。

授業の準備や指導担当教員との話などが主となりますが、児童とかかわれるように努力してください。事務的な仕事に追われますが、学校にいる間は必ず児童とかかわるぐらいの気構えで実習に当たってください。そこで気付いたことは、日誌に書いたりして、指導担当教員に報告してください。

授業開始までにすることは、①出勤、②一日の打ち合わせや授業の準備物・配布物の確認、③校門や学級教室での児童の観察と担任教師への報告、④教員朝会への参加などがありますから、早めに学校へ来ることです。授業のつもりで、ギリギリには登校しないように。

関連Q&A　Q.85 (p.117)

question! 83 ケガや事故が起きたら？

万が一、目の前で児童のケガや事故が起きたとき、慌てずに行動したいのですが、どんなことから順番に対応したらよいですか。冷静に対応できるコツを教えてください。

answer

冷静に対応するためには、①いつでも児童はケガをすると心に留めておくこと、②前もって連絡の方法を聞いておくこと、③応急処置を知っておくことなどです。

　学校は児童がケガや事故にあわないようにさまざまな注意をしていますが、ケガなどは起こります。そのような場合、冷静に対応ができないのは当たり前ですが、冷静に対応をしないと児童はパニックになりますので、冷静になるように努力をしてください。冷静に対応するための留意点は、①児童は元気に行動し予測不能なことをするので、いつでも児童はケガをするということを心に留めておくこと。②ケガなどの際どのように対応するか、事前の連絡の方法（管理職・担任教師や養護教諭への連絡など）を確認しておくこと。③止血法などの応急処置（中・高校の保健で習う知識で十分だが、日赤などの講習会などに出席しておくのも一つ）を知っておくことなどです。

　軽いすり傷などは、水洗いをして保健室へ。骨折や打撲などは、動けるときは、直ちに保健室へ。動けないときには、無理に動かさずに、そばにいる児童などに他の教師などへの連絡を頼み、絶対に児童から離れないで声かけをしながら様子を見る。後で児童の様子をたずねられることがあるので、メモなども活用も。児童がケガや事故が起きないようにするためにも、その日の児童の様子に気を配りましょう。とくにいつもと違った児童の姿があったり、雨の日などは、細心の注意を払いましょう。最後に、どんなに些細なケガでも、必ず担任教師へ連絡・報告をし、その指示に従ってください。

> **question! 84** 実習校に知っている子や弟や妹がいたら？
>
> 実習先にきまった学校に知っている児童や、自分の弟や妹がいたらどうしたらよいですか。言葉づかいや振る舞いなどは他の児童と同じにするべきか教えてください。

answer

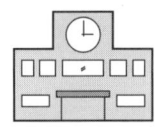

知っている児童や、自分の弟や妹に対しての言葉づかいや振る舞いなどは他の児童と同じにするのが基本です。ふだんの言葉が出ないように注意を。

　実習先にきまった学校に知っている児童や、自分の弟や妹がいたら、実習生はやりにくいと思います。どんな言葉づかいをしたらよいのか、振る舞いはどうしたらよいかなど、とにかく悩みが増えてしまいます。基本的には、実習校は、このようなことがないようには配慮がされるのですが、とくに地方の母校に実習へ行く場合などに起こることがあります。

　分校などで親が教師でその子が児童生徒ということがありますが、そのときの親と子の振る舞いが参考になると思います。それに、きょうだいが学校にいるときどうでしたか？　お互いに無視をしていて、あまりかかわらないようにしていたのではないでしょうか。

　このことから、言葉づかいや振る舞いなどは、他の子と同じにするのが基本ではないでしょうか。ふだんの言動が出ないように、とくに注意をしてください。

　なぜ、他の児童と同じようにするのかといえば、他の児童との関係があるからです。教師は、すべての児童に公平にかかわるように気を付けなければなりません。もし、あなたが逆の立場で、そのような場面を見たらどう思うでしょうか。教師は、そのようなことにも気配りをしなければなりません。

question! 85　放課後って何するの？

実習生は放課後は何をしているものですか。校庭などで児童と遊んでもよいのでしょうか、過ごし方を教えてください。また、帰宅は誰に確認し、何時くらいに帰るものですか。

answer

放課後は、授業などの準備、指導担当教員や同学年の教師との打ち合わせなどと同時に、児童とかかわる絶好の機会です。帰宅は仕事が終了して、指導担当教員の許可をもらってから。

放課後の実習生の仕事は、①児童の下校の確認、②指導担当教員との打ち合わせ（一日の反省、翌日の予定の確認、教材研究、授業の準備など）、③学年会の打ち合わせ会（毎日あるわけではありません）、などがあります。このような仕事以外の時間は、児童とおおいに遊んでください。その際に留意することは、遊べない子や遊ばない子、気にかかる子がいたら、積極的に話しかけるなどの配慮をしてください。

教材研究や授業準備の時間が取れるのが放課後ですので、おおいに活用しましょう。明日授業がある場合には、授業の練習などもこの時間を利用するとよいでしょう。ときには、養護教諭や職員の方と話をするのはどうでしょうか。児童のことだけではなく、学校を知る機会にもしましょう。

放課後を迎えると長い実習の一日も終わりとなりますが、帰る前に指導担当教員から言われたことはすべて終わっているかチェックしましょう。帰るときには、必ず指導担当教員に許可をもらってください。指導担当教員が不在な場合は、副担任、学年主任などに許可をもらってください。帰るときには、必ず職員室に寄り「お先に失礼します」とあいさつをして帰りましょう。最後に、先生から言われたことばかりをするのではなく、指導担当教員に了解を得て気が付いたことは実行してみましょう。

関連Q&A　Q.82 (p.114)

question! 86 携帯電話の番号を聞かれたら？

携帯電話の番号や個人情報を聞きたがる子にはどのように対応したらよいですか。うまくことわるコツなどはあるのでしょうか。

answer

個人情報は児童には絶対に教えないこと。対応の仕方は、「"教えることはできない"きまりだから」で。

　最近の児童は、ほとんど携帯電話を持っていますから、実習生にも、すぐに携帯電話の番号やメールアドレスを聞くと思います。学生間では携帯電話の番号やメールアドレスの交換は当然のことと思うかもしれませんが、学校では個人情報については、大変気をつかっています。というのも、個人情報が漏洩して、犯罪に利用される危険性などがあるからです。ですから実習生は、個人情報の取り扱いには、十分気をつけなければなりません。

　さて、携帯電話の番号や個人情報を聞きたがる子への対応ですが、児童に聞かれると、気軽に教えそうになると思いますが、自分の個人情報は児童には絶対に教えないが大原則です。対応方法は、「"教えることはできない"きまりだから」です。

　ところで、個人情報で気を付けなければならないのは、児童の個人情報です。実習では、児童の個人情報にたくさん触れますので、その取り扱いには十分注意してください。メモ用紙、日誌、指導案、学校からの配布物などは保管に十分注意をしてください。また、友人などと実習の話をするときも、児童の名前は伏せるなどの注意をしてください。どこに関係者がいるかわかりません。さらに、携帯電話などのメールも同様の注意が必要です。実習がすべて終了した後、これらの資料の保管にも十分な注意を忘れずに。廃棄するときは、シュレッダー廃棄です。

関連Q&A　Q.31（p.48）

question! 87 持ち物にいたずらをされてしまったら？

持ち物にいたずらをしたがる子や、取ろうとする子がいて困っています。どうしたらわかってもらえるでしょうか。対応の仕方を教えてください。

answer

悪いことは悪い、やっていけないことはダメというけじめはハッキリと伝えなければなりません。実習生だからということは、絶対にありません。

　実習生は、児童にとって新鮮で先生よりは身近な存在ですし、長い間いないことも知っています。ですから、児童にとっては、わがままを出しやすい存在でもあります。そのため、ふだんでは考えられない、無理難題の要求を実習生にしてきますし、考えられない行動をとります。その一つが、持ち物にいたずらをしたがる子や取ろうとする子です。

　このような場合、実習生は、児童に嫌われるのではという思いなどから曖昧な態度や対応をしてしまいます。そうしますと、児童の要求はますますエスカレートをし、その他の児童も要求するようになります。ですから、最初にダメなものはダメという断固たる態度をとるべきです。具体的には、「これは先生のだから」「こんなことをやってもいいの」などと対応したらどうでしょうか。しかしながら、そのような態度で対応をすると、必ず「ケチ」などと児童は言いますが、それに負けないで言い続けてください。ここで、折れてしまうと、無理難題を言えば要求が通ると思ってしまいます。とにかく、がまん比べです。このようなやりとりを何回かすれば、大抵はそこで収まり、興味が他へ移っていきます。

　そのようなことがあった場合は、担任教師に報告はしておきましょう。原則、児童に関したことは担任教師に報告するようにしましょう。このようなやりとりが、実は児童の大事な情報になる場合があるからです。

授業後の反省・振り返りや研究授業で

実習中のQ&A

question 88	実習日誌には何を書くの？
question 89	日誌を書くためにメモはあったほうがよい？
question 90	指導担当教員にはいつ指導を受けるの？
question 91	指導担当教員から実習の反省を求められたら？
question 92	研究授業の留意点は何？

question! 88 実習日誌には何を書くの？

実習日誌は授業の振り返りを書けばよいのですか？ どのようなことに気を付けて、いつどうやって書いたらよいのか教えてください。

answer

実習日誌（実習記録）は、児童とのかかわりや、その日のねらい（目標）がどのくらい達成できたか、どのような問題意識をもったのかなどを書きます。

実習中は、毎日が発見や学習の日々となります。それを記録するのが実習日誌です。原則として、黒のペンで記入します。

書き方は、一つのことに重点を置く書き方やその日にあったことを細かく書く方法の他、教壇実習の反省、児童の様子、今後の課題など、いくつかの項目に分けて書く方法などがあります。

大切なことは、実習の課題や目標を達成するために、どのような問題意識をもったのか、児童とどのようにかかわってどのように理解したのか、目標に向かってどのように学習を進めていくのかを、その日の出来事を振り返りながら書くことです。

下書きができたら読み直して誤字・脱字や、意味の通りにくい文章はないかを確認しましょう。清書した後も訂正がないかをくれぐれも留意して見直しましょう。

日誌は、翌日提出する場合と、その日のうちに書いて提出する場合とが考えられます。いつ提出するのかは、実習校でのオリエンテーションで確認しましょう。

実習日誌（実習記録）は、指導担当教員をはじめ、校長・副校長・教頭先生などにも読んでいただき、助言をいただくものです。こまめにメモをとるなどの工夫をし誰が読んでも理解できる文章で書きましょう。

関連Q&A　Q.89 (p.122)

> **question! 89** 日誌を書くためにメモはあったほうがよい？
>
> 実習日誌を書くために、実習中にメモをとっておいたほうがよいですか。そのときはどんなことをメモするようにすると、後でまとめやすいですか。

answer

メモは箇条書きでこまめにとる努力をしましょう。

　実習日誌は、毎日の記録です。児童や先生方とのかかわりで気が付いたことをこまめにメモし、どのメモのことを日誌に書くのかをきめるようにしましょう。

　日誌は感想文や日記ではありません。毎日どのようなことに着目して学んだのかを記録しなければなりません。大学によって書式が異なりますが、時間ごとに観察や参加の内容がわかるように書いていきます。文章でメモするのではなく、箇条書きでメモをとりましょう。

　児童の様子を記録するときには、よく発言する児童、目立つ児童だけではなく、発言しない児童、目立たない児童にも目を向けましょう。学習指導案を立案するときに役に立ちます。

関連Q&A　Q.88（p.121）

Column　メモをとるコツ

　日誌を書くためのメモをとるコツは短文を箇条書きで書いていくことです。メモしたことすべてを日誌に書くのではなく、必要のあることを選んで記します。多くの情報があると、日誌をまとめやすくなります。

question! 90 指導担当教員にはいつ指導を受けるの？

指導担当教員に指導を受けたい場合、いつ聞くようにするとよいですか。指導を受ける際のポイントや留意点などを教えてください。

answer

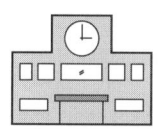

指導担当教員の空き時間、会議等のない児童下校後教員退勤までの時間、勤務時間外等に、前もって、指導案や資料等提出した上で、指導の日時のうかがいを立てましょう。

実習校により実習生対応は異なっています。学校規模や学校の研修体制の違いによって、また教育実習の受け入れを常時行っているか否か等によってさまざまです。ここでは、実習生対応が比較的細やかにされる学校や毎年実習を引き受ける国立大学付属小学校の例をもとに紹介します。

学校の生活時程表から見て、指導担当教員が実習生の質問や相談に対応しやすい時間帯は、＜始業前、授業の合間の移動や準備の時間、昼休み、放課後（帰りの会～児童の下校時）、下校後職員退勤時間まで（教職員研修や職員作業等の合間）＞となります。逆に対応が困難なのは、＜朝の会、朝の活動、授業時間、給食時間、清掃時間、帰りの会＞等の時間帯です。

もっとも対応しやすいのは、①空き時間、②会議等のない下校後職員退勤までの時間、③時間外（勤務時間を過ぎた後）等です。

質問に際しては、事前に指導案や板書発問計画、質問事項等を作成提出しておくことで、教師が空いた時間に目を通しやすく、指導の効率化が図られることになります。教師によって、月や曜日によっても異なるので、見通しをもって計画を立て、前もって指導担当教員にうかがいを立てるのが大変よい方法であるといえます。教師は、勤務時間外でも研修や授業の準備等のため忙しいので、対応してもらう時間を長引かせないよう努めたいところです。なお、学校を退出する時間は守らなければなりません。

question! 91 指導担当教員から実習の反省を求められたら?

指導担当教員から実習の反省を求められました。具体的にどのように応対していけばよいでしょうか。

answer

教師として求められる実践力を踏まえ、授業設計から実際指導に至る過程において、各観点から振り返ります。ねらいや意図、反省や課題など整理しておきましょう。

教師として求められる総合的な実践的指導力の上に、授業力が形成されます。このことを念頭に置き、授業後は、右表に示すような授業設計や指導案の項目に沿って振り返り、反省点を述べるとよいでしょう。項目を踏まえることにより、授業全般にわたって落ちなく振り返ることができます。

①授業のねらい
②児童の実態について
③単元（題材）の指導計画
④指導上の留意事項
⑤本時のねらい
⑥本時の学習内容、過程、留意事項
⑦発問、板書、資料
⑧評価（目標との照らし合わせ）

授業設計や指導案の項目

授業反省としてまず重要なのは、授業のねらいについて明確に述べることです。その上で、自分が意図した点や、工夫した点等を項目ごとに軽重をつけながらも、簡潔に述べていきます。さらに、授業でよかった点、うまくいかなかった点、考えられる原因、今後の課題などについて述べます。

授業反省の仕方としては、
　①前日の反省の上に立って改善への視点や事項を示すこと
　②まとめて簡潔に述べること
　③今後の課題点を示すこと

④質問事項を整理しておくこと

などが求められます。

　指導担当教員の指導を真摯に受け止め、向上心とともに、感謝の念をもって授業反省に臨みましょう。また、学校生活全般における児童とのふれあいの中で、児童の様子を把握しておくことは、授業設計や授業実践にも有効です。

Column　学習指導と生徒指導

　学校では、児童と教師の接触する時間の大部分が学習指導に使われています。教科の授業では、たとえ一斉指導といえども、児童の個人差に応じ、また、児童の個性を大切にし、一人一人を伸ばすことに主眼が置かれます。

　また、生徒指導は実際の活動においては集団を対象にして展開されることが多いのですが、そのねらいは、集団を構成する一人一人の人格形成にあることは言うまでもありません。子どもが社会的に自己実現できるような資質・能力、態度を形成することを指導・支援するのです。

　教師は、学習の成果を高めるために、日々研鑽を積み、授業設計や教材研究、資料づくり等多くのことに時間と労力を費やします。一方において、学業不適応の児童を生まない工夫や努力をすることは、生徒指導の重要な機能であるともいえます。学級の生活環境や学習環境を整えることができているかどうかによって、授業効率を高めることができるか否かが左右されるのです。

　学級は、一人一人の児童が教師や友達と「出会い」「ふれあい」「学び合い」を通して成長していく場であります。そのような場づくりが学級経営の大きなねらいです。学級づくりは学級担任が行いますが、担任教師の学級経営力の基礎の上に、実習生の授業は成り立っているのです。

　教科の授業を、単なる知的指導の場と考えるのではなく、児童とのふれあいや児童理解の場、行動様式の指導の場ととらえ、担任教師の学級経営に学びながら実習授業を行うことを意識したいものです。

question! 92 研究授業の留意点は何？

研究授業の準備、教科の選択、授業反省会など、研究授業をするに当たり留意しておかなければいけないことはありますか。

answer

研究授業は、教師としての実践的指導力を発揮する場であり、それに当たってはその大部分を占める事前研究や準備に力を尽くすことです。

　研究授業をもとに授業研究を行いますが、その授業研究は教師の力量形成の研鑽の場であると言及されています。このようなことに鑑みるとき、研究授業に当たっての事前の研究や準備の段階、つまり授業設計の段階においてはさまざまなことに留意しておかなければなりません。研究授業を行うに当たっては、どのような教材（児童の力を伸ばし得るかという観点から授業者が選んでもよい）で授業を組織し、どのように展開するかという授業の構想（授業設計）をしっかりとらえておくことです。それには、単元（題材）の研究、教材の研究、学習指導観等とその基盤となる力量と、それを踏まえた学習過程の組織、学習指導案の作成、発問計画の作成、板書計画の作成等と授業の展開を構想する力が必要となります。これは授業後の反省にも生きてきます。研究授業においては、まず学習指導案を作成しなければなりません。それは授業（学習指導）の目標を効果的に実践していくための授業構想の仮設で、そこには指導者の教育理念が具体的な形で整理されています。つまり、指導者である教師の単元観や教材観、児童観、指導観が意図的に反映されているのが学習指導案であります。たとえば、目標には授業を通して身に付けさせたい資質・能力が、展開には目標に迫るための学習活動の流れがそれぞれ述べられています。

Part 3

実習後のQ&A

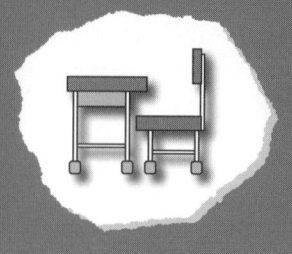

　実習校での実習期間が終了しますと、当然ほっとしますが、実習はまだ終わっていません。実習後にしなければならないことは、実習終了の報告、実習報告書の記入、実習校への礼状などがあります。それでもまだ終了ではなく、実習校からの評価が送付され事後指導の授業が終了して実習の評価が出ます。この評価が出て初めて実習が終了します。実習期間が終了したからと言って終わりではないことに注意してください。ここでは、実習終了後注意すべきことのQ&Aを見てみましょう。

実習後のQ&A

question 93	最後のあいさつは、いつどうするの？
question 94	児童に「今度はいつくるの？」と聞かれたら？
question 95	お礼状はいつ書くの？
question 96	実習後の行事には参加したほうがよい？
question 97	実習後にしておいたほうがよいことはある？
question 98	実習を生かす反省はどうまとめるの？
question 99	教員採用試験に受かったら？

question! 93 最後のあいさつは、いつどうするの？

児童や教職員の方々への最後のあいさつは、いつ、どのようにするものですか。また、それはどんな内容を話せばよいですか。

answer

最後のあいさつは、学級の児童には「学級のお別れ会」「最終日の帰りの会」で、全校児童には最後の「朝会」で、教職員には「最終日の職員朝会」でします。

実習も終了間近となると、研究授業などで忙しくなりますが、最後のあいさつも心配となります。最後のあいさつは、初めのあいさつと同様なところでしますが、最大のイベントは、担任した学級でのあいさつや「お別れ会」でしょう。「お別れ会」は、担任教師や児童がサプライズで開いてくれると思いますので、最後のお楽しみにしてください。そこでのあいさつは、実習でのエピソードや感想を中心に話しましょう。児童一人一人に一言書いた個人カードをつくるのもお勧めです。「お別れ会」が開かれなくても、そのカードを最後のあいさつで渡せば、児童にも記念となるからです。

事務室・主事室・給食室などの職員には、前日にあいさつをすませておいてもよいでしょう。そのときに、必ず感謝を込めて「お世話になりました」という一言を忘れずに。担任以外の先生には、最終日に「お世話になりました」「ここでの実習を今後に役立てます」などの感謝の一言を添えてあいさつをしましょう。

実習の最後はほっとすると同時に、一抹の寂しさが残ります。数週間ともに勉強したり遊んできた児童との別れです。涙が出ても恥ずかしいことではありません。児童の無垢な涙だからこそ、こんなに感動するのかもしれませんし、このような気持ちは人生においてもそうありません。「終わりよければすべてよし」という言葉は、本当に含蓄のある言葉だと思います。

関連Q&A　Q.18 (p.33)
　　　　　Q.40 (p.59)

question! 94 児童に「今度はいつくるの?」と聞かれたら?

児童たちに今度はいつくるのか、次はいつ会えるのか、実習後のことについて聞かれました。将来の約束を求められたときなど、どこまできちんと話したらよいですか。

answer

基本は、もうこないことをきちんと伝えましょう。後日、学校行事などに参加する場合は、くるかもしれないことは伝えてもよいですが、これなくなることも考えておくことです。

　実習も最後になると、児童からよく聞かれることに、「今度はいつくるの?」という質問があります。答えに窮する質問の一つです。
　この質問の答えは簡単です。「大学でみんなと同じように勉強しているからこない」とはっきりと児童には伝えるべきです。具体的な表現は学年によって異なりますので、自分で考えてみてください。はっきり言う理由は、児童との約束を守ることは、実習においても重要なことだからです。約束を守るためにも、安易な約束をしないことは大切なことだからです。
　とかく、私たちは、児童によい顔をしたくて、ついついできないことでも約束をしてしまうことがあります。また、約束を忘れてしまうこともあります。でも、児童は忘れることもないとはいいませんが、しっかりと覚えていることのほうが多いのです。信頼している人から、約束を破られたらどうでしょうか。そのことを考えて約束をしてください。
　実習が終了後に、運動会や音楽会がある場合は、約束をしてもよいと思います。しかしながら、約束を守れないときは、必ず指導担当教員を通して、児童に謝罪の手紙などを書き、連絡をしましょう。
　約束は守るためにあるのです。自分自身がした約束は、守るように努力をし、守れない場合のことも考えて約束をしましょう。

question! 95 お礼状はいつ書くの？

実習後のお礼状はいつ、誰に書いたほうがよいですか。指導担当教員だけでなく、児童や校長先生にも書いたほうがよいですか。書き方のポイントも教えてください。またお礼の品物なども送ったほうがよいものなのでしょうか？

answer

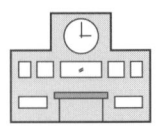

お礼状は、実習終了後１週間以内に、指導担当教員、児童、校長先生（職員一同でもよい）に出しましょう。書き方のポイントは、心を込めて実習の感想・感謝や近況報告を。

　実習後のお礼状を出す時期は、実習終了後１週間以内です。出す相手は、校長先生（職員一同としてもよいと思います）、指導担当教員、児童です。内容は、心を込めて実習のときの感謝を書きましょう。そのときの注意は、出す相手により、①敬語の使い方を変えること、②内容の表現を変えることを忘れずに。校長先生と職員一同には、指導担当教員以外の先生に読んで頂くことになりますので礼を失しないように十分注意をして書きましょう。指導担当教員には、実習中のお礼と今後の抱負や近況報告を、児童には、近況報告や伝えきれなかった思いなどを書くとよいでしょう。手紙を書くポイントを手紙のフォームでまとめると、図のようになります。

　手紙は必ず自筆で、下書きをして、誤字脱字、不確かな言葉や漢字を確かめてください。できれば、大学などの実習担当に見てもらえばよいと思います。なお、お礼の品物は、地域ごとに慣習がありますので、自分が通っている学校の実習担当にたずねてください。

①前文…頭語（拝啓など）、時候のあいさつや安否のあいさつなどを書こう。
②主文…感謝の言葉や近況報告・今後への抱負など、この手紙の主旨を書こう。フォームは自由であるため、心を込めて敬語に気を付けて書こう。
③末文…締めくくり、あいさつや結語（敬具など）を書く。
④後付…発信日、差出人、宛名を書く。

　　　　　手紙を書くポイント

question! 96 実習後の行事には参加したほうがよい？

実習後の1週間後に運動会があります。参加したほうがよいでしょうか。また、卒業式などにも参加したほうがよいでしょうか。

answer

児童が行事の練習してきたのを見て指導をしてきたはずです。参加するのが基本ですが、実習が終了する前に、指導担当教員や校長先生に参加の旨について伝えておきましょう。

　実習終了後に運動会や音楽会などの行事があるのでしたら、その行事には参加しましょう。というのも、運動会や音楽会などの行事の準備や練習に参加していたはずですから、児童が行事のためにどのようにがんばったのか、そしてどのように成長したのか、そのことを確かめるためにも、ぜひ参加してください。必ず参加したい旨を実習が終了するまでに、指導担当教員や校長先生に伝え許可を得てください。それから、児童にも参加することを知らせておいてもよいと思います。

　もし、行く旨を伝えてあって、急用で行けなくなった場合は、必ず連絡をしましょう。その際に、児童には謝罪を伝えてもらうようにしましょう。後日でよいですから、お詫び状は書いてください。

　参加する行事ですが、基本的には、練習に参加した行事にはできるだけ出席しましょう。期間は、実習が終了して1か月程度が目安になると思います。

　行事というのは、児童を飛躍的に成長させる機会でもあります。また、児童の一生懸命の姿には感動するものです。ですから、できる限り参加して、児童の成長した姿を目に焼きつけてください。

question! 97 実習後にしておいたほうがよいことはある？

お礼状を実習校に出す他には、実習後にしなければいけないことや、しておいたほうがよいことはありますか？

answer

①実習終了の報告、②日誌の完成と送付、③実習校へのお礼状、④実習報告書の作成、⑤事後指導の授業、⑥実習で感じた疑問や問題点の解決、⑦実習関連書類の提出などです。

実習は、実習校での実習が終了したら終わりというものではありません。自分が通う学校に戻ってからも、次のようなことがあります。

第1は、学校により指定された日までに、学校の実習指導室か実習担当教員への報告です。第2は、日誌の完成と送付です。実習の最終日に提出はできないので、実習中に指導担当教員と何日までに持参するのか郵送するのかをきめておく必要があります。締め切りまでに日誌を完成させ、その日必着で提出します。第3の、お礼状は、Q.95を参照（p.131）。第4の、実習報告書は、Q.98を参照（p.134）。第5は、教育実習の事後指導です。この授業の単位を取得しなければ教員免許が取得できません。授業の方法は、学校により異なりますが、発表会形式が多いようです。第6は、実習で感じた疑問や問題点を解消するために、積極的に授業に参加したり、自ら調べたりしましょう。また、卒論のテーマとしてもよいと思います。自分自身を高める機会としましょう。第7は、実習日誌や勤務表など実習関連書類を学校へ提出することです。これを忘れると、単位にならないことがありますので要注意です。

実習校から評価が送られてきて、それをもとに最終の評価が下されて初めて単位が認定されます。実習が終わったからとほっとするのではなく、実習の単位がおりて教員免許が取れてからほっとしてください。

関連Q&A　Q.95 (p.131)
　　　　　Q.98 (p.134〜135)

question! 98 実習を生かす反省はどうまとめるの？

実習での成果を生かすための実習後の反省はどのようにまとめたらよいでしょうか？ 後で役立つ反省のまとめ方を教えてください。

answer

実習後の反省のまとめですが、メモを使用して、実習先でのとくにふだんの反省会や研究授業の反省会、さらに実習で感じた疑問・問題点をまとめよう。

実習では、自分が通っている学校では教えてくれなかったことを実践を通して教えてくれます。毎日が、新鮮な驚きの連続であり、貴重な経験であったと思います。でも、そのままにしておきますと、色あせたものとなってしまいます。そこで、できる限り早目にまとめておきましょう。

まとめ方ですが、いろいろな方法があると思います。

- 時系列的にまとめる
- 自分が実施した授業中心にまとめる
- 気になった児童とのかかわり方を中心にまとめる
- 児童とのかかわり方を中心にまとめる

など、さまざまな方法があります。いくつかのまとめ方でまとめてみて、自分にとって書きやすいものを見つけてください。その際に、自分が感じた疑問や問題点も忘れないで書いてください。また、できればどうしてそう感じたのかを書いておくとよいと思います。最後に必ず今後どのようにしていくのか、いきたいのかを書いておくとよいと思います。

実習の報告は、公式の報告書と私的な報告書の2種類作成してください。公式の報告書は、枚数に制限があることが多いので、だらだらと書くのではなく、ポイントを絞って書いたほうがよいでしょう。私的な報告書は、そのような制限がありません。メモを貼り付けたり、実習先でもらった資料を貼り付けたりするなど、自分なりの報告書が作成できます。その

際に、ノートの左側をまとめ、右側を資料など、事実は黒字、自分の感じたことや疑問に思ったことは青字などと、工夫を凝らしてください。それに、私的な報告書ですから、箇条書きでもよいと思います。基本は、後でわかるようにしておくことです。

実習日誌とこの報告書はあなたが将来教師になったときの貴重な資料にもなります。ですから、大変かもしれませんがぜひやっておいてください。

Column　介護等体験って何？

小・中学校の免許を取得するためには、1998（平成10）年からは、「小学校及び中学校の教諭の普通免許状授与に係る教育職員免許法の特例等に関する法律（これ以降は「特例法」）」（1997（平成9）年6月に制定）により、大学での授業と教育実習だけではなく、「介護等体験」を実施した証明書を教員免許状を申請する際に提出することが義務化されました。

この介護等体験は、「特例法」「その施行規則」「文部事務次官通達」により、18歳に達した後、期間は7日間で、その内訳は、社会福祉施設等に5日間、特別支援学校に2日間での体験を原則としています。

体験をする社会福祉施設としては、乳児院、母子生活支援施設、児童養護施設、知的障害児施設、知的障害児通園施設、盲ろうあ児施設、肢体不自由児施設、重症心身障害児施設、情緒障害児短期治療施設、児童自立支援施設、救護施設、更生施設及び授産施設、老人デイサービスセンター、老人短期入所施設、養護老人ホーム、特別養護老人ホーム、介護老人保健施設、独立行政法人国立重度知的障害者総合施設のぞみの園、障害者支援施設、地域活動支援センターなどがあげられ、特別支援学校は、養護学校、聾学校、盲学校などです。

介護等体験で注意しなければならないことは、体験が終了すると必ず体験の「証明書」が発行され、教員免許交付申請時に必要となりますので、なくさないように保存をしてください。というのも、この証明書は原則再発行されないからです。それから、実習と同様に無断欠席や遅刻、服装や言葉づかいなどが不適切であれば発行されない場合もあります。ですから、体験だからと甘く見ないで、実習と同じ態度で参加してください。

question! 99　教員採用試験に受かったら？

教員採用試験に受かったら、実習校の先生に知らせたほうがよいでしょうか。他にもお礼をいったほうがよい人はいますか。

answer

教員採用試験に受かったら、実習校の指導担当教員や校長先生には知らせましょう。その他、通っている大学の実習担当の先生や、ゼミの先生、お世話になった先生には連絡を。

　教員の免許状を取得しただけでは、先生にはなれません。採用試験を受けて、それに受かり初めて先生になれます。この教員採用試験は公立の小学校の教員のための試験で、私立の小学校は別の試験があります。

　試験勉強のかいもあり、試験に受かった場合、とてもうれしいと思います。そこで、問題になるのが、誰に知らせたらよいかということです。

　連絡をすべき基本は、自分が通う学校の実習関係の先生、そして実習先の指導担当教員や校長先生にです。これから、同僚の教師になりますので連絡をしましょう。今までは、やはり学生です。でも、教員採用試験に受かるということは、卒業すれば教師として第一歩を歩むことになるからです。また、実習先でもし教員採用試験を受けることを伝えてあれば、結果がどうなったのか実習先の先生方は、知りたいと思っています。まして、教員採用試験にアドバイスをくれているとしたらなおさらです。

　自分が通う学校の実習関係の先生には、必ず知らせてください。そのとき、教員採用試験の経験を必ず伝えてください。できれば、簡単なレポートにして渡すと、後日、後輩たちへの参考になります。さらに、ゼミなどの先生や教員採用試験でお世話になった先生にも連絡を忘れずにしてください。

　教員採用試験を受ける意志があるならば、教育実習では必ず実習校に伝えておきましょう。そうしますと、試験、とくに面接試験などについての

コツなどを教えてもらえたりします。実習先の先生たちは、後輩がどんどん自分たちの職場にくることを歓迎しているからです。

Column 教員採用試験の内容

採用試験は、一次試験に学力試験と人物試験、二次試験に人物試験を実施することが多いです。

具体的な内容は、

①教職教養試験（教職の基礎知識を問う試験で、教育法規・教育の方法・学習指導要領・教育史・教育心理学・道徳教育・中央教育審議会の答申などから出題）

②一般教養試験（高校で学ぶ基礎的なレベルを問う試験で、国語・数学（算数）・理科・社会・英語・芸術・体育・情報処理・受験する自治体のことなどから出題）

③専門教養試験（教科の専門的な知識や素養を問う試験で、学習指導要領、全教科から出題が多い）

④論文試験（教職への考え方・意欲や文章表現力・論理力等を問う試験で、教育に関するテーマや文章について、きめられた字数や時間で自分の意見等で解答）

⑤面接試験（教職への資質能力を実際の人物を見て評価する試験で、一次試験では集団で実施され、二次試験では個人面接の他、集団面接も同時に実施されることも）

⑥模擬授業（教職においてもっとも重要な授業力を評価する試験で、事前に学習指導案を作成させたり、当日ロールプレーが課せられるなどさまざまな方法で実施）

⑦集団討論・集団活動（集団の中での自己表現能力を試される試験）

⑧実技試験（ピアノの弾き語り、デッサン、水泳実技など、現在実施しない自治体が増えている）

⑨その他（適性検査など）

などです。

巻末資料① オリエンテーション持参品チェックリスト

　オリエンテーション時に持参する物や確認しておきたい事項のチェックリストです。事前にしっかりと確認し、忘れ物や聞き忘れのないようオリエンテーションに臨みましょう。

チェック欄		持参品
	実習日誌	
	大学・実習先から指定された書類	
	筆記用具（黒色のボールペン・鉛筆・シャープペン／消しゴム／メモ帳）	
	上履き	
	ハンカチ（ミニタオル）／ポケットティッシュ	
	印鑑（朱肉を使うタイプ）	
	クリアホルダー	
	少し大きめの布袋（エコバッグなど）	

項目	チェック欄	確認事項	回答記入欄
実習日誌		修正テープ使用の可否	
		人名の書き方	
		提出方法（いつ・どこに）	
		その他（　　　　　　　　　　）	
服装		通勤時：	
		勤務時：	
		給食時（三角巾の要否など）	
		外履きの色指定	
		体育着（ジャージ）の色指定	
		名札の種類（吊り下げか安全ピンかなど）	
		名札の書き方（大学名・ふりがななど）	

巻末資料 ①

項目	チェック欄	確認事項		回答記入欄
実費		給食費（いつ・どなたに・金額）		
		課外活動費（遠足などがある場合）		
書類の提出期限				
担当学級		名簿や座席表をいただけるか		
		配慮の必要な児童の有無		
		年間指導計画をみせていただけるか		
		教壇実習予定科目の単元名	（教科：　　　）	
			（教科：　　　）	
			（教科：　　　）	
			（教科：　　　）	
			（教科：　　　）	
			（教科：　　　）	
		教壇実習予定科目の教科書会社名	（教科：　　　）	
			（教科：　　　）	
			（教科：　　　）	
			（教科：　　　）	
			（教科：　　　）	
			（教科：　　　）	
		教壇実習予定科目の副教材会社名	（教科：　　　）	
			（教科：　　　）	
			（教科：　　　）	
			（教科：　　　）	
			（教科：　　　）	
その他				

巻末資料 ② 間違いやすい筆順

　板書をするときに筆順を間違うと、教師の指導力に不安を抱かせてしまいます。学習指導案を作成したら板書計画もつくりましょう。そのとき、使われる字の書き順を確認しておきましょう。また、学習指導要領の国語には、学年別漢字配当表があります。自分の担当する児童が学習している漢字を確認し、既習の漢字は使うようにしましょう。以下に、とくに実習生が間違いやすい書き順をあげました。参考にしてください。

［数字］

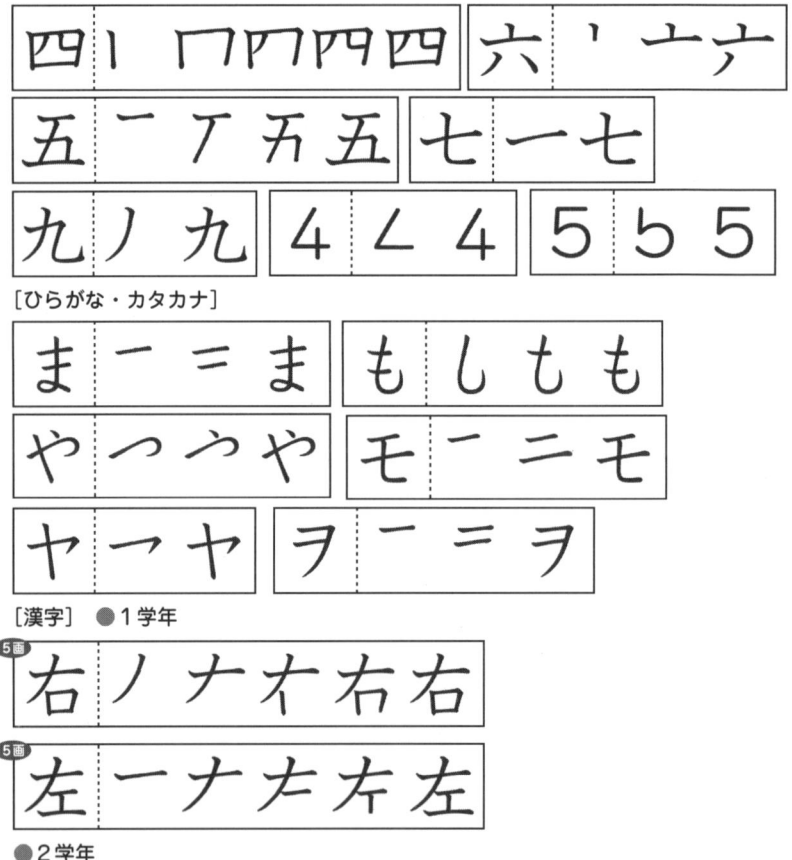

| 四 | 丨 | 冂 | 叼 | 四 | 四 | 六 | 丶 | 亠 | 六 |

| 五 | 一 | 丆 | 歹 | 五 | 七 | 一 | 七 |

| 九 | ノ | 九 | 4 | ∠ | 4 | 5 | ᄂ | 5 |

［ひらがな・カタカナ］

| ま | 一 | 二 | ま | も | し | も | も |

| や | つ | ゃ | や | モ | 一 | ニ | モ |

| ヤ | 一 | ヤ | ヲ | 一 | ニ | ヲ |

［漢字］●1学年

5画
| 右 | ノ | ナ | 九 | 右 | 右 |

5画
| 左 | 一 | ナ | 七 | 左 | 左 |

●2学年

10画
| 馬 | 厂 | 丆 | 丐 | 冄 | 馬 | 馬 | 馬 | 馬 | 馬 |

8画	長	丨 厂 F F 叵 镸 長 長
5画	用	丿 几 月 月 用
4画	方	丶 亠 方 方

●3学年

11画	悪	一 亞 甲 亜 亜 悪 悪 悪
7画	医	一 ア ア 匚 歹 矢 医
15画	横	木 木 朾 柑 柑 柑 構 横 横
10画	荷	一 艹 艹 艹 荷 荷 荷 荷
9画	級	く 幺 幺 糸 糸 糸 糸 級 級
12画	歯	丨 止 屮 屮 芇 带 菡 歯
9画	乗	一 二 三 千 禾 乒 垂 乗 乗
5画	世	一 十 卄 丗 世
8画	波	丶 冫 氵 氵 汀 沪 波 波
9画	美	丶 丷 丷 羊 羊 芏 美 美 美

6画 有 ノ ナ オ 右 有 有

● 4学年

7画 希 ノ ㇌ ブ 并 产 希 希

16画 機 木 杉 松 機 榉 榉 榉 機 機 機

11画 健 亻 亻 亻 亻 亻 亻 佇 律 健 健

14画 察 宀 宀 宀 宁 宠 宠 寮 察 察

7画 臣 丨 厂 厂 ㇋ 厍 臣 臣

6画 成 ノ 厂 厅 成 成 成

8画 典 丨 冂 冂 曲 曲 典 典

9画 飛 ㇋ ㇌ ㇌ ㇌ 飞 飞 飛 飛 飛

5画 必 丶 丷 必 必 必

● 5学年

13画 解 ク 分 角 角 舮 舮 舮 解 解

12画 減 氵 汀 沪 沪 沪 沪 減 減 減

巻末資料 ②

6画 再 一 厂 冂 冂 再 再
14画 際 阝 阝 阝 阡 阡 際 際 際 際
11画 断 丶 丷 半 半 迷 迷 断 断 断
9画 独 丿 犭 犭 犭 狆 狆 独 独 独
8画 版 丿 丿 丨 丬 片 版 版 版
5画 布 丿 ナ 才 右 布

● 6学年

11画 域 十 扌 圹 圻 垣 垣 域 域 域
6画 吸 丨 口 口 叨 叨 吸
4画 収 丨 丩 収 収
8画 垂 一 二 三 千 壬 壬 垂 垂
15画 蔵 艹 艹 芦 芹 芹 芹 芹 萨 蔵 蔵 蔵
11画 脳 丿 冂 月 月 月 胪 胶 脳 脳
4画 片 丿 丨 户 片

巻末資料 ③ 確認しておきたい正しい鉛筆・箸の持ち方

実習前に確認しておきたい事項で鉛筆と箸の持ち方があります。児童は実習生のみなさんをよく見ています。それぞれ正しい持ち方を確認しておきましょう。

● 鉛筆の正しい持ち方

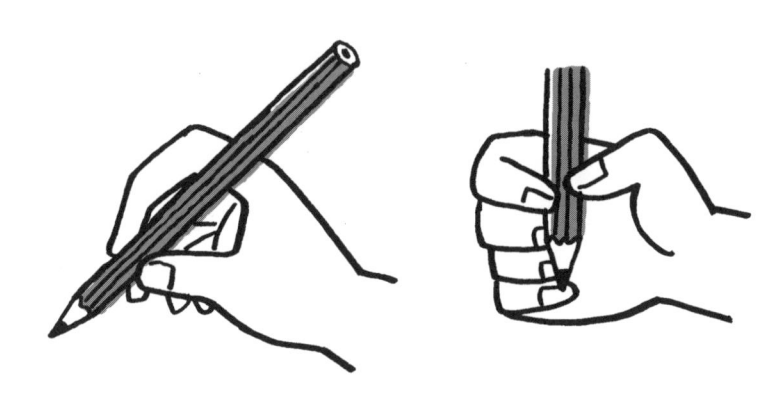

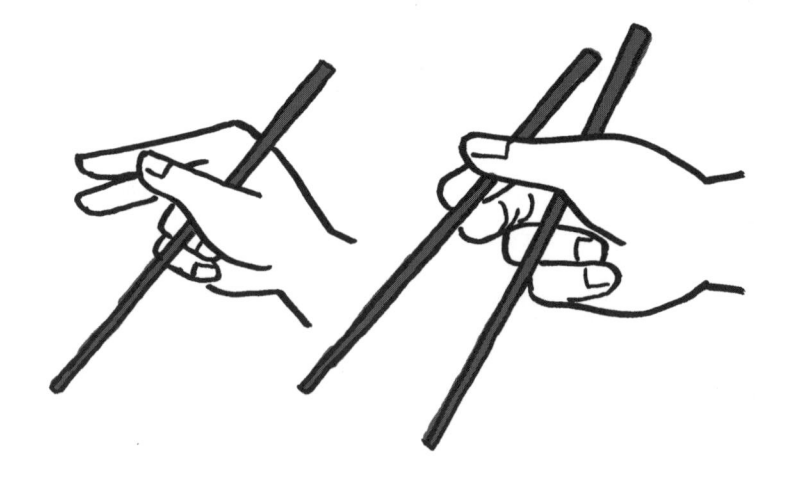

● 箸の正しい持ち方

著者紹介

(執筆順)

石橋裕子 帝京科学大学教育人間科学部学校教育学科 教授
(執筆箇所) Q&A：1～17、24～39、88～89

林　幸範 池坊短期大学幼児保育学科 教授
(執筆箇所) Q&A：18～23、40～48、81～87、93～99

梅澤　実 埼玉学園大学人間学部子ども発達学科 教授
(執筆箇所) Q&A：49～72

生野金三 関西福祉科学大学教育学部教育学科 教授
(執筆箇所) Q&A：73～76、78、92

生野桂子 宮城学院女子大学教育学部教育学科 教授
(執筆箇所) Q&A：77、79、80、90、91

装　丁
シラキハラ メグミ（seesaw.）

装丁・本文イラスト
伊藤 和人（seesaw.）

小学校教育実習　Q&A 99
知りたい！聞きたい！こんなときどうする？

2011年10月28日　初　版発行
2018年 3 月26日　第2版発行

著　者　石橋裕子　林 幸範　梅澤 実
　　　　生野金三　生野桂子
発行者　服部直人
発行所　株式会社 萌文書林
　　　　〒113-0021 東京都文京区本駒込 6-25-6
　　　　TEL 03-3943-0576　FAX 03-3943-0567
　　　　[URL] http://www.houbun.com
　　　　[E-mail] info@houbun.com

〈検印省略〉

印刷・製本　シナノ印刷株式会社

ISBN 978-4-89347-161-1　C3037

萌文書林の教育・保育実習図書

小学校 教育実習ガイド

石橋裕子・梅澤実・林幸範　編著

B5判　202頁　定価（本体1,800円＋税）

🖋 **小学校教育実習のための実践テキスト！**

全科目の学習指導案掲載!!

　教育実習は大学で学ぶ教育理論と教育実践との最初の統合の場です。実習生にとっては、「こんな教師になりたい」と期待する一方で、初めての教壇実習ということで、具体的な教科と教材を前に、「どうすれば授業がうまく展開できるだろうか？」と、不安を抱いているのではないでしょうか。

　中学・高校での教壇実習は専門科目だけですが、小学校の教師をめざすみなさんにとってはすべての科目がその対象となります。そのため、事前準備や学ぶべき事項が他校種よりも多くあります。そこで本書では他校種と一緒にせず、小学校での教育実習に特化し編集しています。すべての教科での教壇実習の準備ができるよう、各科目の学習指導案にとくに力を入れて解説しています。

　これから出会う子どもたちにとって、すばらしい"先生"となっていただくための一助となることを願い本書は編集されています。

小学校教育実習生必携！

本書主要もくじ

- 第1章　実習までの準備
- 第2章　小学校について
- 第3章　実習中の心得
- 第4章　授業展開の技術
- 第5章　実習日誌
- 第6章　実習後の学習

幼稚園・保育所実習　大好評！

実習日誌の書き方

実習日誌の実例を通して書き方・まとめ方を徹底解説!!

相馬和子・中田カヨ子　編著
B5判 220頁 定価（本体1,600円＋税）

●保育理論とともに必要な保育実技●

大好評！

感性の育ちを支える保育実技

幼稚園・保育所実習
実習に行くまえに知っておきたい

保育実技

児童文化財の魅力とその活用・展開

久富陽子●編　B5判 200頁 定価（本体1,600円＋税）

株式会社 萌文書林 HOUBUNSHORIN
〒113-0021 東京都文京区本駒込6-25-6
TEL 03-3943-0576　FAX 03-3943-0567
http://www.houbun.com/
E-mail:info@houbun.com